Leben ohne Humor ist witzlos

Thomas Frankenfeld
Leben ohne Humor ist witzlos

Ellert & Richter Verlag

Inhalt

Vorwort von Lars Haider 8

Ich hab es getragen sieben Jahr 10
Hoch die Taschen 12
Hirsch heiß ich 14
Wer lacht da? 16
Bloß kein Mut zur Lücke 18
Seepferdchen in Fischstäbchen 20
Kollegin Ehefrau 22
Soll ich dir mein Smartphone zeigen, Schatz? 24
Rettung für den deutschen Dackel 26
Die rüde Prosa der prüden Rosa 28
Hol schon mal den Klopstock raus 30
Der politisch unkorrekte Vogel 32
Zufrieden mit dem Silver Sex 34
Der neue Mann ist spornosexuell 36
Wider die Zwangsumarmer 38
Monopoly auf Samtpfoten 40
Das verkehrsberuhigte Kino 42
Singen wie die Finnen 44
Bei den Bleichgesichtern von Kötzschenbroda 46
Vaters Freuden 48
Mach Männchen 50
Ich küss' nur ganz in Weiß 52
Das Frühlingsfest der Hausmusik 54

Ente gut, alles gut	56
Von wegen Froschschenkel	58
Meine Frau ist treu wie Gold	60
Lust auf Löffelchen	62
Schau mir in die Augen, Fremder	64
Heiliger Gral der Fertignahrung	66
Bunga-Bunga auf Latein	68
Es steht in den Sternen	70
Helden wie wir	72
Die Angst der Frauen vor dem Zapfhahn	75
Der Teufel in der Handtasche	77
Viele Italiener greifen zu Fremdnudeln	79
Weise Greise	81
Den Bus verpasst	83
Wo bleibt die telefonlose Schnur?	85
Der Super-Manny	87
Regnet's im Mai, ist der April vorbei	89
Wer hat Angst vor Altersvollzeit?	92
Kommst du noch auf ein Buch mit hoch zu mir?	94
Weiter geht es mit Gebrumm	96
Nicht mehr anrufen, E. T.	98
Frauen gegen die Begleitvegetation	100
Das Glück des Verlierers	102

Platon liebte ganz unplatonisch	104
Der Greis ist heiß	106
Eine Art Held	108
Ziehen Sie noch um oder wohnen Sie schon?	110
Hotel Mama, durchgehend geöffnet	112
Ich bügle, also bin ich	114
50 Generationen Krabbelsex	116
Land munter	118
Wer hat hier einen Vogel?	120
Heiratest du mich?	122
Haufenweise Tatörtchen	124
Was ist das Beste, das je aus Schweden kam?	126
Hier ist besetzt!	128
Seitensprung mit Neandertaler	130
... und sage niemals Dschia!	132
Mit Handy zu Hamlet	134
Unterhopft zur Gammelfleischparty	136
Wie man einer Frau ein Kompliment macht	138
Die Sachsen müssen einen Zahn zulegen	140
Nessies schwedischer Kumpel	142
Vom Jungfrauen-Retter zum Stiefel-Füller	144
Die transatlantische Sandwich-Krise	146

Hemd nie am Körper bügeln!	148
O Gurkenbaum!	150
Goethe statt Hip-Hop?	152
Zwangsasket Marvin bei den Royals	155
Wo die Frau den Pümpel schwingt	157
Mit T-Rex zu neuen Horizonten	159
Jumbos Krönung	162
Haarscharf ein Mann	164
Sind Sie Paraskavekatria-Phobiker?	166
Der Yeti – ein Problembär	168
Alligator im Mund	170
Drum prüfe, wer sich niedlich findet	172
Elvis lebt! Auf der Hutablage	174
Der Mamma gehen die Bambini aus	176
Sei kein Frosch, küss mich!	178
Axt ja! Zigarre niemals!	180
Ob das was taucht?	182
App-Tauchen, Männer!	184
Meister Proper im Ehebett	186
Frauen lieben E und I	188
Danksagung	190
Autor / Impressum	191

Vorwort

Liebe Leserinnen und Leser,

Chefredakteure wollen wissen, auf welche wiederkehrende Rubriken ihres Blattes sich ihre Stammleser besonders freuen, und so haben auch wir einmal bei einer Veranstaltung mit Abonnenten des *Hamburger Abendblatts* gefragt, wie ihnen die Fußkästen auf der Titelseite gefallen würden. Zunächst war es ruhig, niemand meldete sich. Offensichtlich konnte keiner etwas mit dem Begriff Fußkasten anfangen – bis, ja bis einer der Anwesenden fast schüchtern sagte: „Meinen Sie diese witzigen Texte, die Thomas Frankenfeld immer schreibt? Die finde ich super!"

Nun, Thomas Frankenfeld hat die „witzigen Texte" auf dem Fuß, das heißt im unteren Teil unserer Titelseite, nicht immer geschrieben. Aber sehr oft stammten die Glossen an dieser besonderen Stelle von ihm, und besonders lustig waren sie immer. Liegt es an seinem prominenten Vater, Peter Frankenfeld? An seinem schier unerschöpflichen Allgemeinwissen?

Oder schlicht an der Tatsache, dass ihm zu den meisten Themen immer etwas einfiel und einfällt, das gehaltvoll und witzig zugleich ist? Selbst ich als sein letzter Chefredakteur weiß es nicht wirklich. Was ich aber weiß, ist, dass es sich immer lohnt, einen Frankenfeld zu lesen.

In Japan gibt es die Tradition des Kopfkissenbuchs, eine Art Notizbuch, in das man all das einträgt, was man sonst nur seinem Kopfkissen anvertrauen würde. Thomas Frankenfeld hat solche Heimlichkeiten nicht nötig: Das Material, das seinen Texten zugrunde liegt, spülte ihm der stete Fluss aus Nachrichten, kuriosen Meldungen und allerlei Lesefrüchten auf den Tisch. Dann brauchte es nur noch den exzellenten Schreiber, der daraus die eine kleine runde Geschichte macht. Die besten dieser Geschichten finden Sie hier in diesem Buch – dem ersten Fußkastenbuch, das es gibt.

Ihr Lars Haider

Ich hab es getragen sieben Jahr

Wenn Sie jemand mit abschätzigem Gesichtsausdruck fragt, ob Sie ein original Douglas-Hemd tragen, dann wissen Sie dreierlei: Ihr Gegenüber ist humanistisch gebildet, arglistig, und Sie brauchen einen Satz neue Oberbekleidung. Zur Erinnerung: Theodor Fontanes unsterbliches Gedicht „Archibald Douglas" beginnt mit der Zeile: „Ich hab' es getragen sieben Jahr ..."

Wie Sie erfahren werden, zählt der Erwerb von ein paar neuen Hemden zu den letzten großen Abenteuern unserer Zeit. Für Ihr Geld bekommen Sie neben einer modischen Hülle viele Stunden Bastelarbeit, zwei volle Mülleimer und eine Akupunktur.

So ein Qualitätshemd präsentiert sich eingeschweißt in eine Folie, die, ähnlich einer schusssicheren Weste, zunächst allen Angriffen Ihrerseits widersteht. Sind Sie erst einmal mit scharfem Schneidegerät bis zum Hemd vorgedrungen, beginnt die eigentliche Arbeit. Das Bekleidungsstück ist nämlich werksseitig versehen mit einer Vielzahl an stabilisierenden Elementen, die für eine solide Statik des Objektes im Verkaufsständer sorgen sollen.

Während Sie aus Kragen, Rücken und Ärmeln Plastik, Metall oder Pappe entfernen, wird Ihr neues Hemd immer schlapper und Ihr Mülleimer immer voller. Der Autor dieser Zeilen operierte aus einem Qualitätshemd heraus: zwei Kunststofffolien, zwei Stücke Pappe, einen Bogen Seidenpapier, eine Plastikklammer, drei Metallklammern, fünf Nadeln, ein Briefchen mit Pflegehinweisen, zwei Pappanhänger mit Barcodes. Letztere waren mit hochzähen Kunststofffäden an das Hemd gefesselt, wie man sie auch zur Ruhigstellung renitenter Serienmörder verwenden kann. Doch mit einer gehärteten Drahtschere aus dem Baumarkt löste sich auch dieses Problem.

Ein paar neue Hemden sind wie eine Tüte Walnüsse: Hinterher häuft sich viel mehr auf dem Tisch als vorher. Und beim ersten Anziehen kommt der Clou, den vor allem die Fakire und Masochisten unter den Hemdenkunden so schätzen: Ein scharfer Pieks in der Lendengegend weist auf den Standort der letzten, nie aufgespürten Nadel hin.

Hoch die Taschen

Zu den großen ungelösten Rätseln unserer Zeit gehören Atlantis, die weltenverschlingenden schwarzen Löcher im All und der Inhalt von Frauenhandtaschen. Frauen betrachten diese Behältnisse weniger als bloßes Transportmittel für Utensilien aller Art, sondern als eine Art Verlängerung ihrer Arme, die die Natur nachlässigerweise vergaß. Bei der Wahl ihrer Tasche legen Frauen nicht selten größere Sorgfalt an den Tag als bei der Auswahl ihrer männlichen Gefährten. Und noch mehr als für Letztere gilt die eiserne Regel, eine Handtasche niemals an eine andere Frau zu verleihen.

Manche Taschen können es im Fassungsvermögen leicht mit einem Umzugswagen aufnehmen; ihre Besitzerinnen scheint es nicht anzufechten, dass sie unter der Last krumm daherkommen wie Quasimodo. Handtaschen sind mobile Lebensräume; oft können Frauenwohnungen getrost unverschlossen bleiben, weil sich alles von Wert eh in der Tasche befindet. Für alle denkbaren Anlässe hält Frau Modelle in unterschiedlichen Abmessungen und Fassungsvermögen vorrätig; es gelten dabei Faustregeln wie: In der kalten Jahreszeit / ist die Tasche eher breit.

Eine Frauenzeitschrift förderte die Tatsache zutage, dass Frauen rund 76 Tage ihres Lebens in der Handtasche kramen. Jedem Mann ist die Situation an der Kantinenkasse bekannt: Die Frau wird vollkommen überrascht von der Forderung, das Essen bezahlen zu müssen, nimmt ihre Handtasche von der Schulter und verschwindet bis zur Hüfte darin, um das winzige Portemonnaie darin zu suchen. Bis sie bezahlt hat, ist das Ende der Schlange außer Sichtweite.

Jetzt ist es so weit: Für die erste internationale Handtaschen-Studie wurden Frauen aus 17 Ländern befragt. Ergebnis: 95 Prozent der Frauen in den Industriestaaten besitzen durchschnittlich zwischen zwei und 20 Taschen. Italienerinnen aber nennen bis zu 60 Taschen ihr Eigen. Damit wäre auch die bange Frage beantwortet, wohin Italiens Milliarden verschwunden sind. Und dann war da noch der Mann, der beklagte, dass ihm keine Frauen mehr nachliefen: „Seitdem ich keine Handtaschen mehr klaue."

Hirsch heiß ich

Den meisten Bundesbürgern ist der scheue Waldbewohner Hirsch wohlvertraut. Entweder im kulinarischen Zusammenhang mit Rotkohl und Pfifferlingen, oder von ölhaltigen Wohnzimmergemälden. Wo er meist seiner Brunst mit tiefem Röhren Ausdruck verleiht – was in Ehefrauen gelegentlich die Hoffnung weckt, ihr Gatte möge sich von dem Kunstwerk auf die eine oder andere Weise inspirieren lassen.

Wie immer im Leben, ist es auch bei den Weibchen der Paarhufer komplizierter: Sie können Hindin, Alttier, Gelttier, Kahlwild oder Schmaltier heißen, der Kerl dazu heißt einfach – Hirsch. Nun gilt dieses Tier aber vielen Jägern (was du heute kannst erlegen, brauchst du morgen nicht zu hegen) als Schädling, weil er so ziemlich alles wegknabbert, was grün ist. Ein ausgewachsener Rothirsch frisst bis zu 20 Kilogramm Grünzeug am Tag, was so manchen Veganer gelb vor Neid anlaufen lässt. Das 8. Rotwildsymposium der Deutschen Wildtier Stiftung trat in Baden-Baden zur

Ehrenrettung des Problemtieres an und präsentierte den „Rothirsch als Naturschützer". Weil dieser nämlich durch Fraß und Schlammbaden Lebensräume im Wald schaffe, in denen allerlei Getier wie Rötel- und Haselmäuse, Amphibien und Schmetterlinge erst gedeihen könnten. Die sonst im maschinengerechten Stangenwald keine adäquate Unterkunft mehr fänden.

Es wird Sie vielleicht interessieren, dass ein Rothirsch kein Schlüpfertyp ist. Das bedeutet indes nicht, dass das Tier keine Unterhosen trägt, was Sie sicher schon vermutet haben. Ein Schlüpfertyp weist eine leicht gekrümmte Wirbelsäule und einen schmalen Brustkorb auf. Das mag nun spontane Äußerungen wie „dann ist mein Horst ja ein Schlüpfertyp" hervorrufen, gemeint sind aber zum Beispiel Rehe, die entsprechend grazil gebaut sind, um elegant durch verfilztes Dickicht schlüpfen zu können. Der nun zum „Retter der Artenvielfalt" geadelte Rothirsch findet – siehe oben – oft ein jähes Ende als Gulasch. Doch wenn er selber mal ins Restaurant geht, bestellt er sich natürlich – Jägerschnitzel.

Wer lacht da?

Der empörende Satz von den drei dünnsten Büchern der Welt – englische Kochkunst, deutscher Humor und italienische Helden – ist unausrottbar wie ein Maulwurf. Dabei haben die Engländer inzwischen Jamie Oliver, wir hatten Loriot und die Italiener – na, sagen wir Silvio Berlusconi. Die Online-Plattform Badoo hat mal in einer weltweiten Umfrage eine Humor-Hitliste von 15 Nationen aufgestellt – die Amerikaner gewannen überlegen, die Deutschen waren Schlusslicht. Noch hinter den Belgiern und den Russen. Es heißt ja, deutscher Humor sei, wenn man trotzdem nicht lacht. Die Russen haben deutlich weniger zu lachen als wir, tun es aber trotzdem. Der Gast im Moskauer Restaurant empört: „Fleisch ist schon weg, Fisch ist schon weg – bringen Sie mir sofort meinen Mantel!" „Der ist auch schon weg." In Sachen schwarzer Humor schließen die Russen sogar längst zu den Briten auf: „Ist diese Wohnung denn auch leise?" „Und ob! Der Vorbesitzer wurde erschossen – kein Mensch hat was gehört."

Psychologen erklären unsere angebliche Humorhemmung mit unserem Hang zur großen, ernsten, intellektuellen Kultur. So erklärt es sich wohl auch, dass der Komiker Mario Barth, der gern mal seinen Stuhlgang humoristisch thematisiert, ganze Hallen füllt. Ein großer Teil der Deutschen vertritt die bestürzende Ansicht, in Gesellschaft und Berufsleben gehe es inzwischen derart verbissen zu, dass einem das Lachen vergehe.

Die Deutschen haben also keinen Sinn für Humor? Das ist aber gar nicht witzig! Dabei entwickelt doch selbst unsere Subkultur noch Humor: „Sag ich dir nur drei Worte: Hau ab!"

Wenn das Leben zu schwer wird, sollte man es gerade auf die leichte Schulter nehmen. Denken wir an das Attentat auf Ronald Reagan 1981. Als der US-Präsident mit einer Kugel in der Lunge in den OP geschoben wurde, sagte er zu den Chirurgen: „Ich hoffe doch sehr, Sie sind alle Republikaner!"

Bloß kein Mut zur Lücke

Sagt Ihnen der Begriff „thigh gap" etwas? Macht nichts, das ist wirklich keine Bildungslücke. Aber eine Lücke schon. Und zwar zwischen den Oberschenkeln einer Frau – wenn sie mit Füßen zusammen dasteht und man trotzdem prima zwischen den Beinen hindurchsehen kann. Nun sollte man annehmen, dieses Phänomen sei zeitgeschichtlich keiner besonderen Erwähnung wert, hätte sich diese Beinlücke nicht plötzlich zum Sehnsuchtsziel junger Frauen entwickelt.

Wikipedia hat angesichts der stürmischen Nachfrage im Internet bereits einen Ratgeber auf Deutsch und Englisch bereitgestellt, wo detailliert erklärt wird, wie man diese Lücke durch allerlei Übungen erwerben kann – sofern man sich konstruktionsbedingt dafür eignet. Das Ganze gipfelt in dem ungemein hilfreichen Hinweis, dass der sicherste Weg zur „thigh gap" immer noch breite Hüften seien. Natürlich sind wieder halb verhungerte Models an dem seltsamen Trend schuld, von denen viele gebaut sind wie bei Christian Morgenstern beschrieben: „Ein Lattenzaun mit Zwischenraum hindurchzuschaun."

Für einen Mann ist es allerdings völlig unverständlich, warum man sich bei Betrachtung dieser ansehnlichen Frauenregion, die als Königsweg weiblichen Charmes gilt, wünschen sollte, auf etwas anderes hindurchzublicken. Manch dürres Model sieht damit aus, als habe man ihm soeben das Pferd gestohlen. Zugunsten des britischen Supermodels Cara Delevingne wurde gar ein eigener Twitter Account erstellt, der sich ausschließlich mit ihrer „thigh gap" beschäftigte – die übrigens als „perfekt" beschrieben wurde.

Geht's noch? Das australische Supermodel Robyn Lawley jedoch, das im Internet als „fett" gedisst wird, weil es einen erfreulich normalen Frauenkörper ohne „thigh gap" hat, sagte, sie treibe Sport, gerade um muskulöse Oberschenkel zu bekommen. Im Übrigen seien Frauen schon genug Druck ausgesetzt, um sich nun auch noch einen Beinlücken-Wunsch aufzuladen.

Recht hat sie. „Eine neue, auffallende Mode, wenn sie auch höchst lächerlich sein sollte, hat etwas Ansteckendes an sich für junge Leute, die noch nicht über sich und die Welt nachgedacht haben", hat Wilhelm Hauff gesagt, Autor von Hauffs Märchen. Das war übrigens 1827. Besonders viel dazugelernt haben wir seitdem offenbar nicht.

Seepferdchen in Fischstäbchen

Seit 5000 Jahren bereits spielt das Pferd in der Geschichte der Menschheit eine tragende Rolle. Das ist sogar länger, als an der Elbphilharmonie gebaut wurde. Zwar ist das Pferd nicht immer leicht zu verstehen – so firmiert es wissenschaftlich unter Einhufer, hat aber doch in der Regel vier davon.

Das Pferd hat den Menschen ungezählte Male in die Schlachten getragen; und der Mensch hat das Pferd bedauerlicherweise ungezählte Male in die Schlachterei getragen. „Ein Königreich für ein Pferd!", rief Englands König Richard III., als er nach verlorener Schlacht schnell mal wegmusste. Leider war Pferd gerade aus, und Richard hatte dann einen ziemlich miesen Tag.

Obwohl die meisten Deutschen einen Mustang nur noch in der vierrädrigen Variante kennen, ist ihnen der Gedanke, dem treuen alten Kumpel in der Lasagne wiederzubegegnen, ziemlich zuwider. Doch bei Twitter und Facebook spottet eine hartgesottene Netzgemeinde über den Pferdefleisch-Skandal – nicht immer werden Furys Fans an diesem schwarzen Humor helle Freude haben. Auf einem Cartoon schiebt ein Kleinkind seine Lasagne beiseite. Die Mutter: „Aber sonst magst du doch Pferde!" *Focus online* legte genüsslich eine ganze Strecke von herben Twitter-Sprüchen hin. „Lasagne – das Pferd des kleinen Mannes", schrieb da einer. Ein anderer meint: „Meine Lasagne hat bei Olympia 2008 Silber in der Dressur geholt." Schon wird die Forderung erhoben, der Nährwert von Lasagne solle nicht mehr in kcal, sondern in PS angegeben werden. Der gestiegene Preis für diese Nudelspeise liege übrigens an der galoppierenden Inflation.

Einige sagen tröstend, Schimmel in der Lasagne sei nicht unbedingt ein Anzeichen für mangelnde Frische.

Und es wird sich darüber entsetzt, dass sich der Skandal immer weiter ausbreite: „Jetzt auch Seepferdchen in Fischstäbchen gefunden!" Veganer entrüsten sich, dass in ihren Gemüseläden bereits Pferdeäpfel angeboten werden. Aber wer mit seiner Lasagne rede, sei keineswegs gestört, sondern ein Pferdeflüsterer.

Kollegin Ehefrau

Wenn der fesche Abteilungsleiter im Büro eine ansehnliche Kollegin angrient: „Ich kann gut mit Menschen – auch mit Frauen", dann muss man wohl davon ausgehen, dass eine derart suboptimale Eröffnung selten zu einer lebenslangen glücklichen Verbindung führt. Gut bewährt haben sich dagegen Anknüpfungssätze wie: „Sie werden jeden Tag attraktiver und sehen schon heute wie nächste Woche aus."

Der Arbeitsplatz ist längst zur Partnerbörse geworden; mindestens jeder Dritte hat schon einmal festgestellt, dass ihm der Kollege / die Kollegin eigentlich viel besser gefällt als der Job. Dabei geht es nicht vorrangig um den viel zitierten Sex am Arbeitsplatz (Stichwort Berufsverkehr); der ja vorkommen soll, allerdings in manchen Berufsgruppen, wie bei den Schaufensterdekorateuren, gar nicht so beliebt ist. Und in den meisten Firmen dient der legendenumwitterte Kopierraum nach wie vor in erster Linie einem ziemlich spröden Zweck: dem Kopieren. Vielmehr geht es den Entflammten letzlich um den Ausbau gemeinsamer Interessen – die ja im Prinzip schon beruflich angelegt sind, ob im Rechnungswesen oder dem Hochbau.

Von den Akten zum Akt ist es dann nur noch ein kleiner Schritt. In nicht wenigen Fällen mündet die knisternde Büroaffäre in eine stabile Ehe. Und hin und wieder macht man gar gemeinsam Karriere. Belegt ist der Fall eines jungen Lehrlings, dessen schwärmerische Liebe zu seiner smarten Chefin, einer erfolgreichen Anwältin, schließlich erwidert wurde. Am Ende wurde sogar noch leidlich was aus ihm – mit der Anwältin als Frau fest an seiner Seite. Sein Name: Barack Obama.

Auch beim *Hamburger Abendblatt* stiftet die gemeinsame Arbeit immer wieder liebevolle Ehen. Deswegen ist bei uns nicht nur der Telefonhörer gut aufgelegt. Bei uns kann nicht vorkommen, was in einer anderen Firma geschah. Da verkündete einer, dass seine Frau und Mitarbeiterin schwanger sei. Darauf die lieben Kollegen: „Gratulation – schon einen Verdacht?"

Soll ich dir mein Smartphone zeigen, Schatz?

Da war der Mann, der in der Disko prahlte, er fahre ein riesiges Auto mit vielen PS und habe immer die Tasche voll Geld. Die Dame, die sich daraufhin für ihn erwärmte, stellte fest, dass er nicht gelogen hatte – er war Busfahrer.

In der Tierwelt spreizen paarungswillige Männchen buntes Gefieder, um Weibchen zu beeindrucken; sie entleeren, wie Flusspferde, vor den Damen gewaltig ihr Gedärm oder hocken sich, wie Frösche, in ein Gewässer und blasen die Backen auf. Da letztere Balztaktiken bei Männern wohl nur in Einzelfällen Erfolg versprächen, müssen sie sich etwas anderes einfallen lassen. Auch Kerle zeigen gern, was sie haben. Zum Beispiel ein Telefon. In Zeiten der klobigen Wählscheiben-Apparaturen wäre dies allerdings im urbanen Nachtleben nicht optimal gewesen; die Dinger hätten die Kleidung an der falschen Stelle ausgebeult und waren ohne Schnur nicht wirklich praktisch. Das smarte Smartphone hingegen ist das moderne Äquivalent des Pfauenrads.

„Es ist auch ein sexuelles Signal und sagt etwas über die Fortpflanzungsstrategien seines Besitzers aus", hat die Medienpsychologin Christine Hennighausen von der Uni Würzburg ermittelt. Jene männlichen Singles, so erwies sich, die sich nur für Affären interessierten, versuchten die Weiblichkeit mit auffälligen Geräten anzulocken. Heiratswillige hingegen bevorzugten eher ein günstiges Teil. Offenbar stellen sie sich schon mal darauf ein, in der Ehe wenig finanziellen Spielraum zu haben.

Die Technologiefirma Teiimo kündigte an, ein neues Statussymbol herauszubringen: die intelligente Lederjacke – mit steuerbaren Heizelementen, Bluetooth-Sprecheinrichtung und Ladestation fürs Smartphone. Künftig kann es also passieren, dass die Klamotte intelligenter ist als der Träger.

Das Angeben mit Statussymbolen wird „rolexen" genannt – nach der teuren Uhr. Schon manche Dame nahm am Morgen die Beine in die Hand, als sie feststellte, dass das Ding genauso falsch war wie ihr Besitzer.

Rettung für den deutschen Dackel

Der deutsche Dackel! Ein Monument teutonischer Treue und Trutzigkeit. Halb so hoch wie ein Hund, aber doppelt so lang. Kann bei fünf Kindern gleichzeitig auf dem Schoß sitzen. Seine Erscheinung wird von Züchtern als „kompakt und muskulös" gewürdigt, „mit herausfordernder Haltung des Kopfes". Eine Art Sylvester Stallone mit Schlappohren also. Blasphemische Geister sprechen von einer „Wurst auf Beinen".

Kaiser Wilhelm II., der zwar selber keine kurzen Beine, aber immerhin einen kurzen Arm hatte, bereitete seinem kaisertreuen Dackel Erdmann in Kassel gar ein würdiges Grabmal.

Und ausgerechnet diesem Charakterkopf, Angehöriger einer der ältesten deutschen Hunderassen, drohte noch vor wenigen Jahren, vor die Hunde zu gehen. Nur noch mickrige 7300 Welpen hatten 2005 das Licht der Welt erblickt, im deutschen Olympiajahr 1972 waren es noch 28 000 Kleinkläffer. Stirbt der Dackel aus??, gellte es durch die Presse. Das kommt davon, wenn sich Herrchen und Hund zu sehr miteinander identifizieren. Erst hat der deutsche Mann keinen Bock mehr auf Nachwuchs, dann stellt auch Waldi seine Bemühungen ein.

Nun sterben ja täglich 130 Tier- und Pflanzenarten aus; wir vermissen bereits schmerzlich den Sardischen Pfeifhasen und den Knolligen Neuseeland-Rüsselkäfer. Aber der Dachshund ist besonders unverzichtbar.

Gezüchtet, um in Fuchslöcher zu passen, eignet sich das tiefergelegte Tier auch gut für heutige Sozialwohnungen. Und es ist eine höchst wandelbare Rasse: Es gibt den Dackel in einer Lang-, Kurz- und Rauhaar-Version – etwa so wie Britney Spears. „Lumpi" ist überdies der Inbegriff bürgerlicher Lebensart: keine Staus, keine Hektik, kein anderes Tier. Vom Schäferhund mal abgesehen.

Die Mode hatte ein Einsehen und kam auf den Dachshund zurück, ihm blieb es erspart, nur noch in Wackel-Form auf der Hutablage vorzukommen. Ohne ihn geht's eben nicht. Auch Heidi Klum hat nun einen kurzbeinigen Begleiter namens „Victor". Gut so!

Der relativ bekannte Physiker Albert Einstein erklärte übrigens einst einem leicht minderbegabten Studenten so die drahtlose Telegrafie: „Stellen Sie sich einen Dackel vor, der von London bis New York reicht. Wenn Sie ihn in London in den Schwanz kneifen, jault er in New York. Drahtlose Telegrafie ist genauso – nur ohne Dackel."

Die rüde Prosa der prüden Rosa

In der Geschichte menschlicher Zivilisationen gibt es Elemente, die sich seit Jahrtausenden ungebrochener Popularität erfreuen. Pornografie gehört dazu. Manche lebenspralle Darstellungen aus gewissen Häusern in Pompeji werden nur in Geheimkabinetten der Museen ausgestellt – weniger sinnenfrohe Naturen könnten leicht nervöse Anfälle erleiden. „Nicht selten liest die prüde Rosa / im Bette heimlich rüde Prosa" hieß es schon bei unseren Vorvätern. Es war daher nur eine Frage der Zeit, dass auch das Internet zur Bühne intimer Enthüllungen wurde. Zunächst war dies ein eher einsames Vergnügen. Viele Ehefrauen kennen ihre Pappenheimer, die sich abends noch mal hinter verschlossener Arbeitszimmertür an den Laptop setzen, um, nach offizieller Darstellung, etwa die Statistiken über das Baumsterben in Osteuropa zu studieren. Übrigens ist nicht jeder Titel pornografischer Darbietung preiswürdig („Aladin und die Wunderschlampe"). Indessen haben die sozialen Medien auch dieses Sehn-

Suchtsverhalten revolutioniert. Vergleichsweise reputierliche Plattformen wie Facebook, YouTube und Instagram werden mittlerweile in höchst einschlägiger Absicht als Fuckbook, Porntube und Pornstagram plagiiert. Nun stellen teilweise dieselben Leute, die sich über die Indiskretion der NSA-Schnüffler entrüsten, Fotos von sich im Naturzustand ins Netz – zum Entzücken von Millionen Usern. Um einen Anhaltspunkt zu geben, was unter Popularität derartiger Websites zu verstehen ist: Der Provider Pornhub gab an, er habe 2015 mehr als 21,2 Milliarden Visits verzeichnet. Wenn sich ähnlich viele Menschen über das Baumsterben informieren würden, wären wir umwelttechnisch einen großen Schritt weiter.

Der Physiker Georg Christoph Lichtenberg hielt bereits im 18. Jahrhundert einen ermutigenden Trost für Pornofans bereit: Nämlich, dass die Menschen die wesentlichsten Dinge durch Röhren erledigten: „die Zeugungsglieder, die Schreibfeder und das Schießgewehr".

Hol schon mal den Klopstock raus

Das Peitschendramolett „50 Shades of Grey" hat die Aufmerksamkeit der mehr oder minder geneigten Öffentlichkeit auf erotische Praktiken gelenkt, die ein wenig jenseits der herkömmlichen ehelichen Freuden liegen, also dem, was in Fachkreisen „Vanille-Sex" heißt. Doch diese Spielart ist keine Erfindung der globalisierten Neuzeit; seit Jahrtausenden schon gibt es Menschen, die immer zu Schmerzen aufgelegt waren. Im Geben wie im Nehmen. Denken wir an den ägyptischen Pharao Amenophis III., den Vater des berühmten Ketzerkönigs Echnaton. Er war leiblichen Genüssen aller Art zugetan. Zu seinem Hofstaat gehörte daher auch eine einschlägig versierte Dame, deren zielführender Name auf Inschriften als „Fräulein Peitschenschnur" überliefert ist. Und Messalina, die verruchte römische Kaiserin, begab sich abends gern mal ins Rotlichtviertel, um dort zum Nachteil männlicher Kehrseiten tätlich zu werden. Aber wer nun nach großen Namen der SM-Geschichte googelt:

Nein, der Herr Klopstock (1724–1803) war kein Dominus, sondern ganz im Gegenteil ein bedeutender Dichter der Empfindsamkeit.

„50 Shades of Grey" hat nach Erkenntnis von Kommunikationswissenschaftlern die Unterschiede zwischen „normaler" und „bizarrer" Erotik verwischt und die Hemmschwelle gesenkt. Der Hype um Haue macht das Publikum lockerer. Erotikhändler haben ihre Bestände an Quälware in freudiger Erwartung verdoppelt, und in Baumärkten werden bereits Mitarbeiter geschult, um den steigenden Anfragen nach SM-geeigneten Utensilien fachlich gewachsen zu sein. So sollte man rechtzeitig darauf hinweisen, dass sich Kabelbinder außerhalb von Guantanamo nicht wirklich bewährt haben.

Die Londoner Feuerwehr zum Beispiel bereitet sich auf eine steil steigende Zahl von Befreiungseinsätzen vor. Man sollte sich also immer schön merken, wohin man den Schlüssel für die Handschellen gelegt hat.

Der politisch unkorrekte Vogel

Das Wort Doppelschnepfe hat etwas Uncharmantes; es könnte in einem eruptiven Streit zwischen zwei Frauen gefallen sein, von denen mindestens eine einen Nachnamen mit Bindestrich trägt. Tatsächlich jedoch ist die Doppelschnepfe ein reputierlicher Vogel aus der Ordnung der Regenpfeiferartigen, der sich von vielen Frauen schon dadurch unterscheidet, dass er sich meist völlig stumm verhält.

Auch das Wort Zimtelfe klingt irgendwie diskriminierend, wenn auch schon wesentlich freundlicher; notfalls könnte eine damit bedachte Frau wohl damit leben. Wohingegen ein Mann sicher ungern Stachelbürzler oder Fettschwalm genannt werden möchte. All dies sind ebenfalls Vögel der heimischen Fauna.

Die Ornithologen in Schweden plagen sich in Sachen Vogelnamen derweil sogar mit einem ernsten Problem der Political Correctness herum: Einige der im hohen Norden ansässigen gefiederten Freunde waren bislang mit gesellschaftspolitisch unfreundlichen

Etiketten versehen. So zogen Kaffernsegler, Zigeunervögel und Negerfinken ihre Kreise am Himmel Schwedens, ohne zu ahnen, was sie damit anrichteten. Vor zwei Jahren hatte bereits Nachbar Norwegen sein Vogelreich sprachlich bereinigt. Nun folgte Schweden – und taufte den Kaffernsegler vorsichtshalber in Weißbeckensegler um, damit Bürger mit afrikanischem Migrationshintergrund keinen Schaden nehmen. Ob es dem Tier gefällt, künftig einen Namen wie ein Sanitärartikel zu tragen, ist nicht bekannt. Insgesamt 4000 der mehr als 10 000 Spezies werden von der Ornithologischen Gesellschaft „angepasst". Feiglinge!, keifen viele Schweden, denen die alten Namen lieb sind. Auch in Großbritannien gäbe es durchaus Umtaufbedarf. Zum Beispiel heißen die schlichten Kohlmeisen auf der Insel Great Tits, was bedenklich unornithologische Assoziationen nach sich ziehen kann.

Dänemark und Deutschland denken ebenfalls über eine Umetikettierung nach. Noch aber heißt Schwedens schöner neuer Weißbeckensegler bei uns weiterhin: Kaffernsegler.

Zufrieden mit dem Silver Sex

Wenn Sie die Kerzen auf Ihrer Geburtstagstorte nicht mehr auspusten können, weil Sie wegen der großen Hitze nicht herankommen, dann haben Sie ein schönes reifes Alter erreicht. Dieser Lebensabschnitt steht im Verdacht, zwangsweise ein tugendhafter zu sein, da gewisse biologische Gründe erotischen Eskapaden entgegenstünden. Gemäß dem Vorurteil, alte Männer schätzten Weihnachten mehr als Sex, da es öfter stattfinde.

Eine Untersuchung der Universität Manchester kam jedoch zu dem erfreulichen Ergebnis, dass 80 Prozent der sexuell aktiven Männer über 50 zufrieden mit ihrem Sexleben sind. Manche sogar bis ins neunte Lebensjahrzehnt hinein – vorausgesetzt allerdings, sie leben so lange. Bei den Frauen sind es sogar noch mehr. Auch im Alter gilt also die Erotomanen-Weisheit, dass im Bett bleiben soll, wer etwas erleben will. Die unzähmbare britische Schriftstellerin Virginia Woolf, die in ihrer Jugend schwer an der prüden viktorianischen Ära litt, prägte den ermutigenden Ausspruch: Je älter man wird, umso mehr gefallen einem Unzüchtigkeiten. Das füllt den Begriff Graue Panther mit ganz neuen Inhalten.

Der britische Sender *Channel 4* strahlte die Dokumentation „My Granny the Escort" – meine Oma, die Sexhostess – aus. Darin geht es um drei späte Mädels, die noch erfolgreich als Prostituierte arbeiten, darunter die 84-jährige Sheila. Es ist eben die Arroganz der Jugend, Alter nur bei Wein und Möbeln zu schätzen. Die Parole heißt offenbar: Silver Sex! Die meisten Senioren würden es auch strikt ablehnen, für eine heiße Nacht noch mal 20 zu sein – wer will denn auch für das kurze Vergnügen noch mal 45 Jahre arbeiten?

Es heißt ja, das Alter habe keinen Schmuck außer der Tugend. Von wegen! Manche betagten Herren schärfen ihren Enkeln ein, bloß nie in einen Sexclub zu gehen, weil es da Dinge gebe, die nicht für ihre Augen bestimmt seien. Einige taten es trotzdem. Und was sahen sie da so Skandalöses? Opa!

Der neue Mann ist spornosexuell

In den alten Zeiten der Männer-Selbstherrlichkeit, also bevor Frauen Bundeskanzlerinnen werden konnten, waren es meist die Damen, die aus Marktwerterwägungen heraus auf Äußerlichkeiten achten mussten. Die Kerle konnten Hosen aus der Altkleiderspende tragen und einen Körper haben wie ein Strumpf voll Quark – Hauptsache, sie brachten das Geld nach Hause.

Das tun die Frauen inzwischen selber und stellen nun ihrerseits erhöhte Ansprüche an das Exterieur der Männer. Deren einschlägige Bemühungen führten zum Phänomen des metrosexuellen Mannes mit dem britischen Ballvirtuosen David Beckham als wohlfrisierter Ikone. Das Tagwerk eines Metrosexuellen umfasst einen erheblichen Zeitaufwand vor dem Kleiderschrank sowie im Badezimmer, wo er sich hoffnungsvoll kleinen Cremetöpfen widmet, von deren Inhalt er sich einen straffenden Effekt verspricht. Diese von diversen Industriezweigen mit Wohlwollen verfolgte

Entwicklung gipfelt jetzt in der unfassbaren Erkenntnis, dass junge britische Männer heute mehr Geld für Schuhe ausgeben als Frauen mit ihren ganzen Louboutins und Jimmy Choos.

Bei gesetzteren Herren führt allein der Gedanke daran zu Schnappatmung. Doch haben die jungen Männer obendrein entdeckt, dass ihnen der glänzendste Armani-Anzug wenig nützt, wenn sie ihn im Zuge des Paarungsverhaltens ausziehen müssen. Also muss ein kompatibler Body her.

Landauf, landab rackern sich Kerle an Fitnessgeräten ab. Der britische Journalist Mark Simpson, der vor 20 Jahren den Begriff metrosexuell erfand, erachtet es angesichts der strotzenden Leibespracht für notwendig, ein neues Etikett einzuführen. Der auch physisch runderneuerte Mann, der gern vorzeigt und einsetzt, was er hat, sei „spornosexuell". Die erste Hälfte des Kunstwortes aus Sport und Porno ist von zeige- und paarungsfreudigen Sportlern bekannt. Nun haben wir also den Männertyp rolliger Schwarzenegger im Brioni-Zwirn. Man darf gespannt sein, wann Männer anfangen, nach der Hardware auch ihre Software upzudaten. Ihr Hirn.

Wider die Zwangsumarmer

Das Grauen lauert gleich nach Durchqueren der Eingangstür. Wie die Senatoren bei der Ermordung Cäsars stehen sie beisammen: Gerda und Horst aus Großenkneten mit Neffe Ansgar, allesamt beleibt wie die Baikalrobben. Da heißt es tapfer sein, wenn einen das Trio infernal in die Arme reißt. Der Akt gleicht dem Transport schwerer Fässer und ist garantiert vergnügungssteuerfrei. Und dahinter steht gleich Udo, der zum Grabschen neigende Mechatroniker mit den fettigen Haaren, der bestürzenderweise auch immer eingeladen wird. Er breitet schon drohend die Arme aus.

Das zwanghafte Umarmen bei Begegnungen geselliger Art nicht nur von engen Freunden und Verwandten, sondern auch von Leuten, die man irgendwo einmal am Büfett auf Höhe der Rosmarinkartoffeln getroffen hat, ist zu einer Pest geworden. Einige wenige Menschen umarmt man freudig und mit innerer Überzeugung. Aber die anderen? Gewiss, Onkel Friedholds feuchtschlaffer Händedruck war auch nie eine echte Erbauung, und das kernige Aufdentischklopfen nach Opel-Manta-Fahrerart ist sowieso ziemlich daneben. Ist die zu umarmende Frau beeindruckend attraktiv, kann die Nähe zwischenmenschlich ein Problem darstellen, ist sie es ganz und gar nicht, erst recht.

Die Franzosen haben die schöne Tradition des „bise", des ein- bis vierfachen Kusses auf die Wange, je nach Gegend links oder rechts beginnend. Nicht immer gelingt diese elegante Usance uns Deutschen speichelfrei; gelegentlich entsteht der Eindruck, unter schlabbernde Hundewelpen gefallen zu sein. Aber das ist immer noch besser als der mit Recht historisch verwelkte sozialistische Bruderkuss; die Fotos vom innigen Lippenbekenntnis der Parteichefs Honecker (DDR) und Breschnew (UdSSR) zählen zu den unappetitlichsten Relikten des Kalten Krieges.

Doch was tun? Man kann zwar den Versuch unternehmen, eine Party mit einem distanzierten „Hallo" zu betreten. Früher oder später wird man trotzdem in der erstickenden Umklammerung von Gerda oder einem anderen Zwangsbeglücker enden.

Monopoly auf Samtpfoten

Die Katze, so schrieb der Londoner *Daily Telegraph*, sei bekanntlich das nutzloseste Tier der Welt – ein kleiner, bepelzter, wärmesuchender Verdauungstrakt, der gut 16 Stunden am Tag schlafe. Und der gerade dabei sei, die Welt zu übernehmen. Katzen, so viel ist richtig, haben Hunde, Hamster, Sittiche und andere minderqualifizierte Konkurrenz an Beliebtheit weit hinter sich gelassen. Obwohl sie immer direkt hinter einem stehen, wenn man mit dem großen Topf voll heißer Fischsuppe vom Herd zurücktritt. Und 16 Stunden Schlaf sind unter dem Aspekt einer guten Work-life-Balance als motivatorisches Innehalten zu verstehen.

Sigmund Freud, der mit dem Thema Entspannung auf der Couch vertraut war, hat angemerkt, mit Katzen verbrachte Zeit sei niemals verschwendet. Zu Zeiten der Pharaonen wurden die kleinen Raubsäuger als Götter verehrt. Damals haben sie die Kornkammern frei von Mäusen gehalten. 4000 Jahre später bringen sie die Mäuse gern ins Haus, um ihren zweibeinigen

Angestellten ein wenig Abwechslung zu verschaffen. Ein Indiz für die unaufhaltsame Dominanz der Katze ist auch der Umstand, dass im Zocker-Spiel „Monopoly" – mit dem selbst Banker und Fußballclubpräsidenten gelegentlich für den Ernst des Lebens üben – das reputierliche Bügeleisen nach fast 80 Jahren als Spielfigur ersetzt wird. Durch eine Katze, natürlich. Nun können die meisten Katzen zwar nicht bügeln, aber sie sind dafür in der Lage, einer Seidenbluse im Handumdrehen einen reizvollen Flokati-Look zu verpassen.

Zwei von ihnen gelten sogar als heimliche Herrscher des Internets: die beleibte Maru sowie Grumpy Cat, ein notorisch mies gelauntes Katzentier mit herabgezogenen Merkel-Mundwinkeln. Marus *YouTube*-Kanal wurde sofort fast 200 Millionen Mal angeklickt. Zum Vergleich: Die Homepage des Weißen Hauses hat kaum die Hälfte an Klicks.

Die Menschheit ließe sich grob in zwei Gruppen einteilen, hat der Dichter Petrarca im 14. Jahrhundert völlig zu Recht geschrieben: in Katzenliebhaber und vom Leben Benachteiligte.

Das verkehrs-
beruhigte Kino

Die Liebe ist bekanntlich eine ansteckende Krankheit – früher oder später müssen sich dabei gleich zwei Leute ins Bett legen. Die Erfindung der Sexualität ist zwar schon eine Weile her, hat sich aber im Großen und Ganzen bewährt. Qualität und Intensität schwanken allerdings – vom „Lufthansa-Sex" („Viermal täglich, sieben Tage, alle Richtungen") bis zu jenem Mann, der sich bei seinem Freund beklagt: „Meine Frau behauptet, ich sei ein miserabler Liebhaber – dabei kann man so was doch gar nicht in 20 Sekunden beurteilen."

Jahrzehntelang hat die Filmindustrie die Tätlichkeiten zwischen den Geschlechtern bildreich begleitet, doch damit ist nun weitgehend Schluss. Das letzte Mal, dass ein Kassenknüller eine wirklich saftige Sexszene enthalten habe, sei 1997 bei „Titanic" gewesen, jammert die Londoner Zeitung *Independent*. Und weist darauf hin, dass heutzutage sogar ein Film wie „Silver Linings Playbook" ohne echte Sexszenen auskomme. Es geht darin unter anderem um eine sexsüchtige Frau. Gewiss, nicht jeder möchte betont promiskuitiv leben, nach dem Motto: „Du dort, ich hier – das ändern wir: 18.30 Sex bei mir." Doch Hollywoods neue Zurückhaltung auf der Leinwand hat wenig mit angelsächsischer Prüderie zu tun.

Es ist schlichtweg so, dass es auch der Kinobranche nicht mehr goldig geht. Und eine Altersfreigabe schon ab zwölf Jahren bringt Familien ins Kino und mehr Geld in die Kassen. Also wird kinderkompatibel produziert, und die Hosen bleiben oben. Nehmen wir den Kino- und Videohit „Breaking Dawn – Biss zum Ende der Nacht 2". Es geht darin zwar im Kern um eine Liebesgeschichte, aber die Sexszenen haben Sandmännchen-Charakter. Dafür werden Köpfe schwungvoll abgerissen und Hälse durchgebissen, dass es eine Lust ist. So lernt ein Zwölfjähriger beizeiten, welcher Umgang mit Körpern moralisch einwandfrei ist.

Ein Blogger schrieb dem *Independent*, es sei auch höchste Zeit gewesen, dem Sex endlich den Garaus zu machen. Es gebe viel zu viel davon – vor allem im Schlafzimmer, wo die Leute in Ruhe schlafen wollen.

Singen wie die Finnen

In Finnland, dem lieblichen Land der 100 000 Seen und der 100 Milliarden Stechmücken, sind die Winter lang und kalt. Das fördert das Zwischenmenschliche, aber auch die Kreativität.

Die braucht man auch bei der vokalreichen finnischen Sprache, wo herzlichen Glückwunsch zum Geburtstag Onnittelen sinua syntymäpäivän johdosta heißt. Das deutsch-finnische Künstlerpaar Tellervo Kalleinen und Oliver Kochta-Kalleinen zum Beispiel ärgerte sich ständig über das trübe Wetter in Helsinki und stieß auf die Vokabel Valituskuoro. Damit werden notorische Meckerer bezeichnet, aber eigentlich heißt es Beschwerdechor. Die beiden nahmen das Wort beim selben und gründeten 2005 den ersten Beschwerdechor. Dessen Mitglieder singen sich ihren Frust vom Leib – über Mücken, rote Ampeln, Vermögenssteuer oder Hundehaufen. Inzwischen gibt es in mehr als hundert Städten der Welt Beschwerdechöre – selbst in Hamburg-Wilhelmsburg und nun auch in

Lübeck. 250 Beschwerden wurden dort liebevoll vertont. „Sieben schlechte Straßen musst du fahr'n, denn diese Stadt ist nicht aus Marzipan", holpert es da etwa.

Es ist aber nur ein Gerücht, dass auch die Kanzlerin einen Koalitions-Beschwerdechor („Merkels Meistersinger") gegründet hat, der vor der amerikanischen Botschaft in Berlin das bekannte Lied „Ein Freund, ein guter Freund, das ist das Schönste, was es gibt auf der Welt" zu Gehör bringen will.

Bei den Bleichgesichtern von Kötzschenbroda

Im Jahre 1854 verdiente sich der junge Sachse Karl, ein bitterarmer Weber-Sohn, ein wenig Geld als Kegeljunge. Mit großen Ohren hörte er dabei heimgekehrten Keglern aus Amerika zu, die haarsträubende Geschichten aus dem Wilden Westen auftischten. Was daraus wurde, wissen wir: Der Junge erfand später selber die tollsten Abenteuer. Seine Bücher verkauften sich 200 Millionen Mal, und in der Verfilmung glänzte ein gewisser Winnetou in der Glanzrolle des Pierre Brice. Vielleicht war es auch umgekehrt.

In der Stadt Radebeul, aus irgendwelchen Gründen auch sächsisches Nizza genannt, wo Stadtteile schon mal Kötzschenbroda heißen können und ein Zug namens Lößnitzdackel verkehrt, ehrt man das Andenken Karl Mays, der dort wohnte und starb. Dabei geht es weniger um seine frühe Karriere als Hochstapler und Zuchthäusler, sondern um das schriftstellerische Werk, in dem sehr viele Indianer vorkommen. Zwar log May auch später noch, dass sich die Balken seiner

„Villa Shatterhand" in Radebeul bogen, behauptete zum Beispiel, er spreche 1200 Sprachen und befehlige als Erbe Winnetous 35 000 Apachen, aber er förderte die Kunst des Lesens unter der Bettdecke und schärfte unsere Sinne für das Schicksal der Rothäute.

Zu den Karl-May-Festspielen ist sogar einmal ein echter Häuptling nach Radebeul gereist. Chief Dale Rood vom Schildkröten-Clan der Oneida sollte Kindern erzählen, wie es so war und ist als Indianer in Amerika. Da die Festspiele unter dem Motto „Und Friede auf Erden" stattfanden, wird er vielleicht verschwiegen haben, dass die Oneida mit ihren Kumpels von der Irokesenliga in der guten alten Zeit so ziemlich alle Nachbarstämme in die ewigen Jagdgründe geschickt haben, darunter die Huronen.

Wer weiß, vielleicht hat er die Geschichte eines Indianers erzählt, der eines Tages nach New York reiste. Dort fragte ihn ein Mann: „Na, wie gefällt Ihnen unsere Stadt?" Und der Indianer entgegnete: „Ganz gut so weit. Und wie gefällt Ihnen unser Land?"

Vaters Freuden

Viele Väter singen ihren Kindern abends etwas vor, um sie zum Schlafen zu bringen. Aber manche versuchen es auch erst einmal im Guten.

Jedenfalls erfreuen sich Väter bei Jugendlichen und jungen Erwachsenen großer Beliebtheit. Viele Väter geben sich sogar die größte Mühe, ihrem Nachwuchs bei den Schularbeiten zu helfen. Die Lehrer merken aber immer ganz genau, wenn Papa im Urlaub ist: Plötzlich sind die Hausaufgaben fehlerfrei. Der amerikanische Autor Mark Twain, der sich bestens mit Jugendlichen auskannte (Stichwort: Tom Sawyer und Huckleberry Finn), hat einmal bekannt: „Als ich 14 Jahre alt war, war mein Vater für mich so dumm, dass ich es kaum aushalten konnte. Aber als ich 21 wurde, war ich doch erstaunt, wie viel der Mann in sieben Jahren gelernt hat."

Väter sind heute weit entspannter als in früheren Zeiten, als sie sonntags noch im Bratenrock herumlaufen mussten, statt mit den Kids Skateboard zu fahren. Und sie wissen heute auch, dass Vatersein nicht das Ende ihrer Mannesjahre bedeutet. Ratschläge der Marke „So bleiben Sie trotz Fohlen ein Hengst" sind eher unnötig geworden.

Der allermeisten Jugendlichen fühlen sich jedenfalls vom Vater geliebt und haben immer das Gefühl, von ihm akzeptiert zu werden, so, wie sie sind. Obgleich es selbst in den besten Familien bisweilen krisenhafte Entwicklungen gibt, die es souverän zu bewältigen gilt. Vergreift sich die Tochter aber sehr im Ton, dann sollte ihr Vater mit Entschiedenheit reagieren: „Schrei mich gefälligst nicht an! Ich bin nicht dein Mann!"

Die Eltern sollte man ehren. Wie es der frühere Wiener Fußballspieler Toni Polster getan hat: „Ich grüße meinen Vater, meine Mutter und ganz besonders meine Eltern." Im lieblichen Tirol hat man die wichtigsten Segnungen des Lebens gar in einem Kinderreim zusammengefasst: Vater unser, der du bisch – und Knödel auf dem Tisch.

Mach Männchen

Der Unterschied zwischen einem Ehemann und einem Kater? Der eine ist ein fauler Vielfraß, der den ganzen Tag herumliegt und dem es wurstegal ist, wer ihm das Fressen bringt. Und der andere ist ein elegantes Haustier. Bevor Sie sich aufregen: Die meisten Witze leben von der Überzeichnung. Aber es hat sicher gute Gründe, warum so viele Frauen lieber allein leben. Das heißt nicht unbedingt, dass sie auch allein ins Bett gehen. Hier soll aber nicht die erotische Feierabendgestaltung im Vordergrund stehen, sondern die nächtliche Koexistenz mit dem lieben Tier.

Viele Katzen- und Hundehalter nehmen ihre Viecher mit ins Bett; und noch mehr Single-Frauen tun das. Viele von denen haben allerdings Rückenprobleme – wer einmal erlebt hat, wie eine winzig kleine Katze, die eigentlich auf einem Bierdeckel Platz fände, locker 90 Prozent der Bettfläche für sich beanspruchen kann, weiß, wovon die Rede ist. Höhere Yoga-Übungen sind nichts dagegen. Und wer einer Katze auch nur ein einziges Mal Zugang zur Schlafstatt gewährt, muss dies fortan immer tun – ansonsten sieht der Teppich vor der Schlafzimmertür sehr bald aus wie bei Waterloo 1815. Dabei sind Katzen und Erziehung sehr wohl unter einen Hut zu bringen: Die Katze hat ihr Personal in der Regel recht schnell erzogen. Das gilt für Villen genauso wie für Miezhäuser.

Katzen haben übrigens betttechnisch einen klaren Vorsprung vor Hunden. Das liegt nicht zuletzt daran, dass sie frühmorgens keine kalten feuchten Schnauzen als Wecker einsetzen. Rund 20 Prozent der Hunde schnarchen im Schlaf, aber nur zehn Prozent der Katzen tun dies – wenn sie zum Beispiel von einem Muskelkater träumen. Die Werte von Männern wollen wir hier gnädig verschweigen, aber sie sprechen deutlich für die Tiere. Wenn eine Single-Frau mit kleinem Haushalt dann doch mal einen Mann zu sich einlädt, kann der erleben, dass ihn das liebe Tier ziemlich genervt anstarrt. Oft ist aber gar nicht Eifersucht der Grund, sondern dass der Gast aus seiner Schüssel isst.

Ich küss' nur ganz in Weiß

Wenn Ihr Zahnarzt tief in Ihren Mund schaut und dann beeindruckt ausruft: „Ach, da ist das berühmte Bernsteinzimmer abgeblieben!", dann sollten Sie bei der Mundpflege mal einen Zahn zulegen. Sagt ein Herr zu einer Dame: „Wenn Sie mich anlächeln, würde ich Sie mir gern mal so richtig vornehmen!" „Na, Sie sind ja ein Draufgänger!" „Nee, Zahnarzt."

Rund die Hälfte der Deutschen schaut bei der Partnerwahl zuerst auf die Zähne; das Einkommen ist angeblich weniger wichtig. Entscheidend sind vor allem Charakter, Humor und Treue. Bei manchem Gebiss braucht der Partner allerdings auch viel Humor und einen starken Charakter. Mahl- und Schneidezähne reinigen viele Deutsche inzwischen mit leistungsfähigem elektrischem Gerät; aber die meisten verwenden immer noch herkömmliche Zahnbürsten. Die man übrigens wechseln sollte, bevor alle Borsten rausgefallen sind.

Mangelnde Mundhygiene führt leicht dazu, dass die Bürste eines Tages ins Leere greift. Und es hilft dann wenig, wenn Sie dem Arzt sagen: „Sie brauchen nicht zu bohren, Herr Doktor, da ist schon ein Loch drin." Sind die Zähne schließlich gar ausgefallen – und zwar nicht zur Zufriedenheit –, dann sollen Adoptivbeißer her, am besten ein Qualitätsprodukt aus Deutschland.

Im Trend liegen immer hellere Materialien, sodass der entsprechend upgegradete Patient dental schnell mal aussieht wie die Musterwand im Sanitärfachhandel. Aber gut, das ist immer noch besser, als sich anhören zu müssen: „Schöne Zähne haben Sie! Gibt es die auch in Weiß?"

Jeder zweite Deutsche verzichtet der Umfrage nach auf eine professionelle Zahnreinigung und hält Zahnseide für ein Material, aus dem Abendkleider hergestellt werden.

Geben Sie sich also Mühe mit der Zahnpflege, sonst droht Ungemach. Schon Altmeister Wilhelm Busch klagte: „Mitunter sitzt die ganze Seele / in eines Zahnes dunkler Höhle."

Das Frühlingsfest der Hausmusik

Die gemeinsame Kulturgeschichte von Mensch und Maus ist im Laufe der Jahrtausende nicht immer spannungsfrei verlaufen. Der Mensch nimmt es dem flinken Nagetier übel, dass es die fatale Neigung zeigt, eine Schneise durch seine Vorräte zu fressen. Und die Maus trägt es dem Menschen nach, dass er eine Reihe von uncharmanten Abwehrmaßnahmen gegen sie in Stellung gebracht hat. Erwähnt seien nur zuschnappende Drahtbügel und zuschnappende Katzen. Eine Maus ist dem Menschen offenbar nur dann sympathisch, wenn sie gelbe Schuhe zu roten Hosen trägt und auf den Namen Micky hört.

Indes scheint es nach neuen Forschungen einige Gemeinsamkeiten über das nüchterne Etikett „Säugetier" hinaus zu geben. Wie ein Wissenschaftlerteam der Duke Universität in North Carolina ermittelte, bringen Mäusemänner ihren Damen hingebungsvolle Ständchen zu Gehör – wie dies früher auch bei Zweibeinern schöne Sitte war. Die Frequenz dieser Liebeslieder liegt in einem für Menschen unhörbar hohen Bereich. Den Ohrenschmaus muss man sich aber vorstellen wie eine Mischung aus der Popgruppe „Modern Talking" und Quietschen auf Glas.

Zur Verblüffung der Forscher verfügen Mäusekerle über ein sehr variables Sangesrepertoire; damit rücken sie unerwartet auf in eine kleine Gruppe aus Vögeln, Walen und gewissen Primaten. Die spitznasigen Möchtegernlover gaben die tollsten Serenaden von sich, wenn sie die Dame schon erschnuppert, aber noch nicht gesehen hatten. Stand sie dann leibhaftig vor ihnen, ging es deutlich schlichter im Liedgut zu. Nach dem Macho-Motto: Dich habe ich schon längst klargemacht, was soll ich mich jetzt noch ins Zeug legen. Die Mäusemädels wiederum verfügen offenbar über die Fähigkeit, aus der Sangeslust der Kerle Hinweise auf ihre genetischen Qualitäten abzuleiten. Da wird Frau glatt neidisch.

Merke: Mäuse haben auch Gefühle. Aber Mickys Liebe zu seinem Hund war rein plutonisch.

Ente gut, alles gut

Die Ente ist, kulinarisch betrachtet, ein unpraktisches Tier – für einen zu viel, für zwei zu wenig. Doch die Unterart der indischen Laufente hat eindeutig höhere Qualitäten. Optisch eine Kreuzung aus einem Pinguin und einer Sektflasche, wärmt sie dem Gartenfreund das Herz, weil sie Unmengen Nacktschnecken vertilgt.

Der britische Dauer-Thronfolger Charles – der mit den Ohren, der immer so aussieht, als blickten ihm zwei Leute über die Schultern – hat daher sieben „Indian Runners" für sein Haus Birkhall auf dem Anwesen des schottischen Schlosses Balmoral angeschafft. Er soll pro Stück 250 britische Pfund bezahlt haben. Das hört sich nicht gerade nach einem geschäftlichen Geniestreich an – auf dem Hamburger Fischmarkt hätte er dafür genug Enten bekommen, um halb Schottland zu bevölkern.

Jedenfalls, nomen est omen, rennen die Viecher den ganzen Tag herum wie Bundesligastürmer. Und laufen ständig in die vielen hochsensiblen Bodensensoren, die aus Sicherheitsgründen gerade für eine Million Pfund im Rasen und unter Büschen installiert wurden.

Die bei Enten-Alarm ständig umsonst herbeistürzenden Sicherheitskräfte wie die Elitesoldaten der Black Watch und der Royal Scots würden Arabella, Antoine, Parsley (Petersilie), Sage (Salbei), Rose, Mary und Thyme (Thymian) gern einen anderen Platz zuweisen. Zum Beispiel im Reisrand. Aber der Prinz und seine bodenständige Frau Camilla, in Schottland als Duke and Duchess of Rothesay bekannt, zählen Arabella und Co. sozusagen zur königlichen Familie und machen viel Aufhebens um die glorreichen Sieben. Sie haben ihnen gar ein Miniaturschloss aus Holz bauen lassen. Ente gut, alles gut.

Die Affinität zu Tieren zeichnet den Prinzen, der ja bekanntlich auch mit Gemüse spricht (es handelt sich um das Prinzip der kommunizierenden Möhren), seit seiner Jugend aus. Kürzlich enthüllte Charles einer staunenden Öffentlichkeit, dass er als Kind zusammen mit seiner Schwester Anne an einem einsamen Strand der schottischen Westküste die Robben anzusingen pflegte. Deren Köpfe seien bei den Darbietungen richtig emporgefahren. Das ist nur zu verständlich, Robben sind eben empfindsame Tiere.

Wir trösten uns mit der Gewissheit, dass sich die Bestände seit damals wieder erholt haben.

Von wegen Froschschenkel

Franzosen und Amerikaner trennt bekanntlich nicht nur eine Menge Wasser und die grundlegende Einstellung zu Froschschenkeln, sondern auch die zur Erotik. Bei konservativen Amerikanern ist freier Sex etwa so angesehen wie die Führungsspitze der pakistanischen Taliban. Die französische Aktrice Julie Delpy formulierte die erfrischende und Puritaner zur Schnappatmung reizende Erkenntnis, dass die Franzosen von ihren Politikern erwarteten, dass sie eine Geliebte hätten. Wozu sei Macht sonst gut? Wir wussten ja, dass Bill Clinton im Herzen Gesinnungsfranzose ist. In Frankreich muss ein Präsident offenbar ein Amtsenthebungsverfahren befürchten, wenn er sich der Monogamie schuldig macht.

Das transatlantisch Trennende war auch Gegenstand eines Furore machenden Interviews, das die Sexkolumnistin der französischen Ausgabe des Magazins *GQ*, Maia Mazaurette, ihrer Kollegin vom *New York Magazin*, Maureen O'Connor, gab. Mazaurette, deren Name zwar nicht echt ist, dafür aber auf der Zunge zergeht wie Crème brulée, schockierte mit der Enthüllung, dass sich die Franzosen im Gegensatz zu vielen anderen Völkern, darunter auch die Deutschen, nicht gern die Mühe eines abtastenden erotikfreien ersten Treffens machten: „Es gibt kein erstes Date – es gibt nur ersten Sex." Die gallische Sexpertin erläuterte, dass die Entwicklungsstufen einer intimen Beziehung daheim in anderer Reihenfolge verlaufen: „Wir fangen mit Sex an. Wenn er gut genug ist, könnten wir versuchen, eine Beziehung einzugehen." Es baue zu viel Druck auf, wenn man nicht gleich zur Sache komme. (Da ist was dran!) Man denke dann: Den Kerl habe ich jetzt schon in vier oder fünf Restaurants getroffen – was ist, wenn das am Ende nichts wird? Die Lösung: „Sex beim ersten Date, und es gibt nur noch gute Überraschungen." Vielen deutschen Männern dürfte nun endgültig klar werden, dass Frankreich als Reiseland bislang noch weit unterschätzt wird.

Zur Diagnose einer partnerschaftlichen Krisenlage kann durchaus die Frage eines Eheberaters beitragen: „Unterhalten Sie sich mit Ihrem Mann, wenn Sie Sex haben?" Sollte die Antwort lauten: „Nein, der hat sein Handy auf der Baustelle immer aus", dann wird die Sache vermutlich aufwendiger.

Meine Frau ist treu wie Gold

Fast jeder Mann wäre total überrascht, wenn er seine Frau(en) beim Seitensprung erwischen würden. Dieses Umfrage-Ergebnis bestätigt den Witz, bei dem ein Mann seine Frau in flagranti mit einem anderen ertappt und brüllt: „Was macht ihr denn da??" Und seine Frau zum Lover meint: „Siehst du – ich hab dir doch gesagt, der hat von Sex keine Ahnung." Gut die Hälfte der Männer begründet ihr Vertrauen in die weibliche Treue mit der festen Überzeugung, dass ihre Frau „gar nicht der Typ für eine heimliche Affäre" sei. Da aber der perfekte Mann-Ersatz – eine EC-Karte, die den Müll runterträgt – erst in der Entwicklung ist, verwandeln sich erstaunlich viele Frauen in genau diesen Typ. Andere Umfragen ergaben, dass die Frauen aufgeholt haben und das Untreue-Verhältnis Mann / Frau jetzt etwa gleich ist. Es war Marlene Dietrich, die beteuerte, fast jede Frau wäre gern treu. Es sei nur schwierig, einen Mann zu finden, dem man treu sein könne.

Männer glauben an die Treue ihrer Frauen; aber viele glauben ja auch, dass die Rente sicher ist oder dass uns die Straßenmaut nichts kosten wird. Es gibt sogar Männer, die sich treuherzig freuen, wenn sie überraschend nach Hause kommen und im Schlafzimmer fremde Männerkleidung finden – sie glauben, ihre Frau wolle sie mit den schönen Sachen überraschen.

Der irische Schriftsteller Brendan Behan meinte einmal, eheliche Treue sei nur reine Gewohnheit. So, als gehe man immer zum Einzelhändler – obwohl es doch jede Menge Großmärkte gebe …

Lust auf Löffelchen

Die Vertiefung zwischenmenschlicher Beziehungen mündet nicht selten in zielorientiertes Paarungsverhalten und ist daher unabdingbar für die Erhaltung unserer Art.

Daneben aber gibt es die vor allem bei Frauen beliebte Variante der körperlichen Intimität ohne Einbeziehung primärer Geschlechtsorgane – das sogenannte Kuscheln. Da heute viele Menschen ohne steuernde elektronische Hilfe unter einer gewissen Lebensunfähigkeit leiden, haben zwei Amerikaner die segensreiche Erfindung einer Kuschel-App gemacht.

Das Programm „Cuddlr" wendet sich an Kuschelwillige ohne akut verfügbaren Partner. „In unserer Kultur ist kein Platz für Nähe ohne Druck", klagen die Entwickler C. Williams und D. Brown auf ihrer Website. „Wir geben und bekommen zu wenig Umarmungen."

„Cuddlr" hilft daher per Ortungsfunktion bei der Suche nach einem gleichgesinnten Schmuser, ist aber erotikfrei konzipiert, also auf bloße Umarmungen beschränkt und bislang auch nur für Apple-Nutzer reserviert. Sie können sich bei erfolgreicher App-Verkupplung auf Kuschel-Klassiker wie das Löffelchen-Liegen freuen. Wer nicht mehr weiß, wie das geht, guckt am besten mal in den Besteckkasten. Oder ins Internet; es gibt sicher auch eine App dafür.

Wie Forschungen ergaben, wird bei derartigen Umarmungen das Kuschelhormon Oxytocin ausgeschüttet. Der aus dem Griechischen stammende Name bedeutet „leicht gebärend", was den Dingen vielleicht etwas vorauseilt. Oxytocin wirkt sozial bindend und macht monogam – hat aber auch seine dunklen Seiten. So fanden Wiener Forscher heraus, dass sich hormonbenebelte Meerschweinchen ihren Futterplatz nicht mehr merken konnten. Falls also Ihr Mann nicht mehr das Esszimmer findet, sollten Sie die Kuscheleinheiten etwas reduzieren. Andererseits führt Oxytocin häufig auch zur Gewichtszunahme. In diesem Fall wäre es von Vorteil, die Futterstelle nicht mehr auffinden zu können.

Für Frauen ist es grundsätzlich wichtig, dass ein Mann gut kuscheln kann. Natürlich soll er dank erotischer Feinmotorik auch lustfördernd im Bett sein. Und drittens soll ein Mann sie zum Lachen bringen können.

Frauen achten übrigens sorgfältig darauf, dass sich diese drei unterschiedlich begabten Männer nie kennenlernen.

Schau mir in die Augen, Fremder

Kuhbestandene bundesdeutsche Wiesen gelten, anders etwa als das australische Outback, wo einem alles, was kreucht und fleucht, nach dem Leben trachtet, nicht als akut lebensbedrohliches Biotop. Sondern eher als romantische Kulisse, ein Labsal für Seele und Auge.

Dies kann sich schlagartig ändern, wenn man einem Rindvieh zu tief ins Braunauge blickt. Und sich dann 800 erboste Kilogramm zum Nachteil des Erholungsuchenden in schwungvolle Bewegung setzen. In manchen Teilen der Erde kann es aber auch fatale Folgen haben, einen Menschen zu lange mit einem forschenden Blick zu fixieren. Zum Beispiel, wenn es sich um die rassige Frau eines Drogenbosses handelt.

Doch falls Ihnen in Hamburg, München oder Berlin vor einiger Zeit Fremde intensiv in die Augen gestarrt haben, so hatte das seine besondere Bewandtnis. Tausende meldeten sich bei Facebook für ein Experiment an: Durch einen einminütigen Blickkontakt

Marke Casablanca („Ich schau dir in die Augen, Kleines") sollte „tiefe zwischenmenschliche Nähe" entstehen. Schon 1977 hatte der US-Wissenschaftler Arthur Aron herausgefunden, dass Paare, die sich vier Minuten lang schweigend in die Augen schauen, Intimität aufbauen. Manche Männer sahen ihre Frau hinterher buchstäblich mit ganz anderen Augen. Und sei es nur deshalb, weil sie vorher noch nie vier Minuten lang geschwiegen hatte.

Doch Vorsicht: Wie bei Alkohol und Popcorn ist alles eine Frage der Dosierung. Italienische Forscher haben kürzlich das gleiche Experiment veranstaltet – aber statt mit vier gleich mit zehn Minuten in die Augen gucken. Die Teilnehmer gerieten in eine Trance, und drei Viertel von ihnen sahen im Gesicht des Partners gar ein entsetzliches Monster. Was dies über die Qualität der Partnerschaft aussagt, wird wissenschaftlich zurzeit noch erforscht.

Und wer das Experiment diesmal verpasst hat, tröste sich mit der alten Volksweisheit: Wir und die Kartoffeln werden auch im nächsten Jahr wieder Augen machen.

Heiliger Gral der Fertignahrung

Zu den Elementen des Krieges, die amerikanische Soldaten am meisten fürchten, zählen neben dem Feind, Schlangen und Skorpionen auch MREs. Das ist die offizielle Abkürzung für „Meals, Ready to Eat" – also Fertignahrung. Diese lukullische Spezialität, die es in 24 Sorten gibt, entfaltet aufgrund rüder Verarbeitung und extrem langer Haltbarkeit einen überschaubaren kulinarischen Charme. Soldatischer Humor hält für die drei Buchstaben erfrischend andere Erläuterungen bereit, „Meals, Rejected by Everyone" etwa – Mahlzeiten, die jeder zurückweist.

Da MREs gern Verstopfung hervorrufen, werden sie auch „Meals Refusing to Exit" genannt – Mahlzeiten, die sich weigern, wieder herauszukommen. MRE-Würstchen im Viererpack, die mit der Bezeichnung „Frankfurter" hochstapeln, sind als „die vier Finger des Todes" bekannt. Vor ein paar Jahren hatte die Zeitung *Salt Lake Tribune* vier namhafte Küchenchefs mit einem Test von 18 MREs beauftragt. Eine offenbar besonders grauenhafte Version mit Hühnchen brachte es auf einer Skala von eins bis zehn auf beunruhigende 1,3 Punkte. Vor dem Hintergrund dieser Misere und einschlägiger Speise-Sehnsüchte vieler Soldaten steht nun ein Labor des amerikanischen Militärs nach zwei Jahren intensiver Forschung vor einem epochalen Durchbruch: die MRE-Pizza. Das Teil, von den Erfindern religionsaffin, aber nicht ganz geschmackssicher als „Heiliger Gral der Fertignahrung" etikettiert, soll ohne jede Kühlung drei Jahre haltbar sein und kalt verzehrt werden.

Allein diese Angaben reichen, um jeden ehrbaren Pizzaiolo in eine Nervenkrise zu stürzen. Aus der begrenzt appetitlichen Testphase berichten Forscher von durchgesupptem Teig und von lebhaftem Schimmelwachstum, das Kriegs-Pizzen rasch bärtiger aussehen ließ als Rüpelrapper Bushido. Unbestätigt sind Berichte vom Testlauf bei Pionieren aus dem amerikanischen Hinterland. Als einer gefragt wurde, ob man seine Pizza in vier oder in sechs Stücke schneiden solle, antwortete er: „Lieber in vier. Sechs Stück schaffe ich nicht."

Bunga-Bunga auf Latein

Der Name Pompeji jagt klassisch Gebildeten Schauer des Entzückens über den Rücken. Erlaubt diese im Jahre 79 vom Vesuv verschüttete Stadt doch tiefe Einblicke in den Alltag im Römischen Reich. Schüler erfahren ergriffen vom Forscher Plinius dem Älteren, der beim heroischen Versuch starb, Vesuv-Opfer zu retten. Doch ein gewisses Element des pompejianischen Lebens wird Lateinschülern gern vorenthalten: Allein in dem freigelegten Teil der Stadt befanden sich wohl 25 Bordelle. Das populäre Lupanar des Africanus zum Beispiel hatte zehn minimalistisch eingerichtete Räume für antike Gunstgewerblerinnen. An den Wänden fanden sich auch für Analphabeten ausreichend informative Malereien bezüglich der Angebotspalette der Damen.

Es muss sich um ein Flatrate-Etablissement gehandelt haben – Eindrücke auf den Steinbetten zeigen, dass viele Freier bei einschlägigen Tätlichkeiten noch nicht einmal die Schuhe auszogen. Dafür kratzten die

Gäste die Wände voll mit anschaulichen Mitteilungen über das Erlebte – zur Freude heutiger Archäologen, die sonst nur Listen antiker Kornspeicher zu lesen bekommen. Die Triebhaftigkeit der alten Römer ist legendär; gegen Cäsars Zeitgenossen nehmen sich die Partys von Altlover Silvio Berlusconi aus wie eine CSU-Tagung in Wildbad Kreuth.

Der italienische Evolutionsforscher und TV-Moderator Alberto Angela beschrieb dies alles nun in einem Buch mit dem zielführenden Titel „Liebe und Sex im alten Rom". „Körperliche Liebe war überall verfügbar", sagt der Mann, dessen Nachname in Deutschland nicht in erster Linie Anklänge an sexuelle Ekstasen auslöst. Das Motto schien zu sein: In der Ehe gibt es Kinder, Spaß woanders. Straffrei war der Seitensprung aber nur für den Mann. Dieses Verfahren kennen wir auch aus zeitgenössischen Kulturen.

Der römische Dichter Ovid übrigens war auch als Sexualberater unterwegs und empfahl etwa sehr klein gewachsenen Frauen, ihren Begünstigten rittlings zu erfreuen – so wirke sie größer. 2000 Jahre alte Sextipps zeigen: Manches ändert sich nie.

Es steht in den Sternen

Die Welt, wie wir sie lieben, explodiert seit dem Urknall vor fast 14 Milliarden Jahren freudig vor sich hin. Ein kosmischer Orgasmus, sozusagen. Manche Frau wäre schon mit 14 Sekunden zufrieden. Sex, der größte Spaß, den man haben kann, ohne zu lachen, ist ja ein höchst irdisches Problem. Bislang jedenfalls. Denn da der Homo sapiens sich anschickt, immer tiefer ins All vorzudringen, wird dieses Problem eines Tages auch außer-irdisch vorkommen. Drei Jahre könnte zum Beispiel eine Mission zum Mars dauern. Und drei Jahre ohne Sex seien unmenschlich, urteilt ein Nasa-Berater. Der Mann ist offenbar noch nicht lange verheiratet. Er fordert jedenfalls, Sex müsste bereits beim Astronauten-Training hinreichend berücksichtigt werden. (Weiß übrigens jemand, wo man sich da genau bewerben muss?)

Bislang waren an Mr. Spock nur die Ohren spitz; nun sollten Astronauten von den Polarforschern lernen, die angesichts der Isolation ebenfalls ihre sexuellen Bedürfnisse untereinander befriedigten, fordern US-Forscher. Damit wäre endlich auch das Rätsel gelöst, warum sich manche Zeitgenossen jahrelang am eingefrorenen Ende der Welt in einer Baracke einschließen. Von wegen Pinguine – der unstillbare Forscherdrang scheint mehr der eigenen Spezies zu gelten. Natürlich ist die Auswahl an Partnern weder am Pol noch im All besonders groß.

Doch wenn sich im Laufe der Raum-Fahrt dringende erotische Bedürfnisse einstellen, gilt es notfalls, Kompromisse bei der Partnerwahl einzugehen. Motto: Lieber fünf vor zwölf als keine nach eins. Und Frust zu schieben ist ja schon auf der Erde kein Vergnügen. Wie barmte schon die US-Autorin Erma Bombeck: „Der einzige Grund, warum ich mit dem Joggen anfangen würde, ist, mich mal wieder keuchen zu hören."

Dann doch lieber zu Bordingenieur Scotty in die Koje; hoffnungsfrohes Motto: „Beam me up!" Aber Vorsicht mit Flüssigkeiten aller Art in der Schwerelosigkeit: Wischen impossible! Ob Mann überhaupt alltagstauglich ist, muss sich erst noch zeigen. Es drohen dort oben nämlich Übelkeit und, gegebenenfalls peinlicher, unerotisch niedriger Blutdruck. Das Weltall – unendliche Pleiten.

Helden wie wir

Mann weiß ja: Wein, Weib und Spiel – das hält dich senil. Frauen sind das Salz der Erde. Deshalb haben Männer ja auch immer so viel Durst. Nicht wenige Männer schwärmen von jenen hoch aufgeschossenen, makellosen Missen und Models der Glitzerwelt. Doch aufgepasst: In den letzten Jahren sind zum Beispiel mehrfach die Miss-Universum-Kandidatinnen der USA beim eitlen Defilieren auf der Bühne hingeschlagen. Eine der Missen konnte High Heels und Abendkleid nicht unfallfrei auseinanderhalten und ging parterre – was ihre Siegeschancen entscheidend schmälerte, aber den Fotografen sehr gefiel. Sie sei der Herausforderung nicht gerecht geworden, gleichzeitig zu laufen und zu lächeln, zischelte die Londoner *Times*. So etwas Eindimensionales können wir Männer natürlich nicht gebrauchen, wir wollen multitasking-fähige Frauen. Und nicht welche, bei denen das Einzige, was sich länger als zehn Minuten im Kopf hält, eine Erkältung ist.

Die Londoner Brunel-Universität ermittelte übrigens, dass die meisten Männer auf kleine, schlanke Frauen mit langen Beinen stehen. Wobei der heikle Begriff „schlank" ebenso der launischen Mode unterworfen ist wie die Bekleidung der Damen. Als Dauer-Idealtyp nennen die Forscher Marilyn Monroe – die würde allerdings so viel wiegen wie drei der heutigen Mager-Models. Die meisten Frauen bevorzugen hingegen große Männer mit breiten Schultern und relativ kurzen Beinen. Da haben kleine Dicke natürlich schlechte Karten. (Motto: Er war ein Kerl wie ein Baum – wir nannten ihn Bonsai.)

Und Frauen lieben natürlich Helden – weil diese die tollsten Gene haben, die die Damen gern an ihre ersehnten Sprösslinge weitergeben würden. Nur stellt sich hier allerdings ein Problem: Besonders wagemutige Männer neigen zu besonders riskantem Verhalten. Und es nützt den paarungswilligen Damen wenig, wenn ihrem Helden nach der Schlacht ein entscheidendes Körperteil fehlt. Der Kopf zum Beispiel. Und die Drückeberger trösten dann die Damen und spenden ihre feigen Gene.

Neue Forschungen der kalifornischen Stanford-Universität lösten jetzt dieses entwicklungsgeschichtliche Paradox. Da die überlebenden Helden nämlich damals die Frauen unterworfener Völker reihenweise zwangsbeglückten, verbreiteten sich die begehrten

Helden-Gene trotz der hohen Risiken des Krieges. Und so wurden wir Männer dieser genetischen Ausstattung teilhaftig. Toll! Doch so mancher würde viel lieber ein Feigling sein. Wenn er nur den Mut dazu hätte …

Die Angst der Frauen vor dem Zapfhahn

Die beschauliche Stadt Wiesloch am Gauangelbach, alljährlicher Schauplatz des Kurpfälzischen Winzerfestes, gilt den meisten Erdenbürgern als unverdächtig, ein zentrales Element in der Geschichte des Autoverkehrs einzunehmen. Völlig zu Unrecht.

In weiser Voraussicht auf künftige automobilistische Reiseströme ließen hier schon die Römer zwei ihrer Fernstraßen kreuzen. Und im Jahre 1888 erfolgte dann der verkehrsgeschichtliche Ritterschlag für Wiesloch. Und das kam so: Weil sie es satt hatte, dass ihr Mann Carl Benz zwar das Auto erfunden hatte (jenes fabelhafte Gerät, mit dem wir viel schneller in die Werkstatt kommen als zu Fuß), aber nicht damit fuhr, schnappte sich seine resolute Frau Berta einfach den Wagen und fuhr mit ihren beiden Söhnen 106 Kilometer von Mannheim nach Pforzheim zu ihrer Mutter.

Der erste Auto-Reisende der Geschichte war also eine Frau. Als ihr aber unterwegs das Benzin ausging, hielt sie an einer Apotheke, um sich mit Sprit zu versorgen. Und die stand – richtig – in Wiesloch. Und wurde somit zur ersten Tankstelle der Welt.

Fast 120 Jahre später ist fast die Hälfte der tankenden Kundschaft weiblich. Aber Frau am Steuer scheint den Mut der Tankpionierin Berta Benz eingebüßt zu haben. Viele Frauen haben nämlich Angst vor Zapfsäulen und schicken ihre Männer vor, fand Aral – die Firma mit den vielen Zapfsäulen – heraus. Selbst helle, frauenfreundliche Beleuchtung, bei der sich Kerle schon vorkommen wie auf der Sonnenbank, mindert das Unwohlsein der zapfenden Damen kaum. Eine weniger tiefschürfende, aber praxisnahe Erklärung dafür lautet: Zapfpistolen tropfen meist, und die Flecken gehen aus den teuren Schuhen nicht mehr raus.

Auf Männer wirken Tankstellen dagegen ungemein anregend. Ob sich Altmeister Sigmund Freud in diesem Zusammenhang für die erotischen Assoziationen bezüglich des Tankvorgangs erwärmt hätte, muss zunächst unerforscht bleiben.

Für kleinmütige Männer, neidisch auf Bertas doppelte Ersttat, sind selbst tankwillige Autofahrerinnen Wesen, die nur dann nicht in den Spiegel schauen, wenn sie aus einer Parklücke fahren. Für Frauen ist der Mann als Autofahrer dagegen der einzige Pfau, der sein Rad in der Hand hält.

Der Teufel in der Handtasche

Nirgendwo sonst manifestiert sich das dunkle Wesen der Frau – eines Mysteriums innerhalb eines Mysteriums, um Churchills Einschätzung von Russland zu variieren – so wie in ihren Handtaschen, diesen mobilen Warenlagern.

Wer jemals ungestraft den Inhalt einer Damenhandtasche in Augenschein nehmen durfte – was im Laufe der zehntausendjährigen Zivilisation nur wenigen Männern vergönnt war –, hält Adelbert von Chamissos köstliche „Peter Schlehmihl"-Erzählung aus dem Jahre 1813 für vollkommen glaubwürdig. Da zieht nämlich der Teufel aus einer kleinen Handtasche unter anderem drei gesattelte Reitpferde heraus.

Manch moderne Frau kann darüber nur müde lächeln. Nicht wenige scheinen, schief gebeugt unter der Last am langen Arm, mit ihrem halben Hausrat unterwegs zu sein, als wollten sie die Umzugsspedition sparen.

Die texanische Ärztin Jane Sadler hat einmal ermittelt, dass Damenhandtaschen oft bis zu fünf Kilogramm schwer sind. Kopf- und Nackenschmerzen seien die Folge. „Schon wieder Migräne, Schatz? Wart', ich kauf dir nur rasch eine kleinere Handtasche."

Zurück also zu den Anfängen: Die erste Handtasche, die „Pompadour", benannt nach der umtriebigen Königs-Mätresse, fasste gerade ein Fläschchen Riechsalz. Weil die uhrglasförmig eingeschnürten Hof-Damen stark zur Ohnmacht neigten.

Was die berüchtigtste Handtasche der Neuzeit enthielt, die der britischen Premierministerin Margaret Thatcher, wissen wir nicht. Es muss etwas sehr Schweres gewesen sein – drei gesattelte Reitpferde vielleicht. Denn die „Eiserne Lady" verwendete das Teil nach Opfer-Aussagen „wie eine Abrissbirne". Auf dem EU-Gipfel 1984 zertrümmerte sie damit beinahe das Rednerpult. „Maggie" und ihre Handtasche waren gefürchtet – wenn sie einen Raum betrat, sprangen die Mäuse auf die Stühle.

Aus gezielten Indiskretionen wissen wir, dass sich Londoner Dominas damals dieses Handtaschen-Modell zulegen mussten, um die SM-Phantasien bußfertiger Parlamentarier zu bedienen.

Wir werden sorgfältig beobachten, ob sich auch Angela Merkel eines Tages eine solche Handtasche zulegt.

Viele Italiener greifen zu Fremdnudeln

„Alles, was Sie hier sehen, verdanke ich Spaghetti", enthüllte einst die damals noch junge italienische Aktrice Sophia Loren. Und was es da so zu sehen gab, pflegten schlichtere männliche Gemüter ganz nonverbal, nur mit den Händen und mit leuchtenden Augen, zu beschreiben. Größeres Lob kann einer schlichten Teigware kaum zuteil werden. „Ich bin gerührt", würde der Teig dazu sagen.

Auch wenn Spaghetti gar nicht in Italien, sondern vor Tausenden Jahren in China erfunden wurden. Aber das ist eine bei Italienern nicht sonderlich populäre Tatsache. Nudelgerichte gelten als originär italienisch wie die Mona Lisa oder die Mafia.

Fakt ist immerhin, dass die cucina italiana, siehe oben, dem Körper gesunde Fülle verleihen kann und dazu auch noch bedrohlich gut schmeckt. Viele andere Länder wollen dieses kulinarischen Reichtums natürlich teilhaftig werden und beherbergen daher zahllose italienische Restaurants in ihren Grenzen.

Denken wir nur an die armen Engländer. Sie mussten zur Seemacht werden und die halbe Welt erobern, nur um den Schrecken der heimischen Küche zu entrinnen. Mit dem Zitat „Botticelli ist kein Wein, du Trottel, Botticelli ist ein Käse", verspottete das englische Satiremagazin *Punch* das kulinarisch-kulturelle Elend der Fish-&-chips-Insulaner.

Doch wie ist es um das Niveau der Diaspora-Italiener bestellt? Nach Ansicht der Akademie der italienischen Küche, einem in 40 Staaten vertretenen Ess-TÜV, herrscht vielerorts das blanke Grauen. Sechs von zehn italienischen Gerichten würden im Ausland grausig verfremdet.

So entsetzten sich die Tester angesichts von „Spaghetti alle Vongole" (Nudeln, Knoblauch, Petersilie, Muscheln), die in Edinburgh unter einer Flut von Ketchup ertranken. Überhaupt zeigten die meisten Europäer wenig Respekt vor dem italienischen Erbe. Die Amerikaner wiederum servierten die „unitalienischsten Pizzen".

Allerdings gilt die berüchtigte „Pizza Hawaii" mit der Zwangsehe von Ananas und Schinken als deutsche Erfindung. Überhaupt die Deutschen mit ihren Vorlieben („Ich bremse auch für Biere"); sie seien beim Missbrauch von Knoblauch und Balsamico „völlig verrückt" geworden, wie die Akademie notierte. Das weisen wir allerdings zurück. Und damit pasta.

Weise Greise

Wenn ich eines Morgens aufwache, und mir tut nichts weh, dann bin ich mit Sicherheit tot, klagte mir einmal ein betagter Freund sein Leid. Das Alter bringt bekanntlich gewisse Tücken mit sich. Der amerikanische Komiker George Burns, der immerhin 100 Jahre alt wurde, erzählte, jedes Mal, wenn er sich bücke, um seine Schuhe neu zu schnüren, frage er sich: Was kann ich sonst noch tun, wenn ich schon mal hier unten bin?

So richtig gut tut das Altern eigentlich nur einer Flasche Wein. Das Greisenalter, das alle zu erreichen wünschen, beklagen alle, wenn sie es erst einmal erreicht haben, wusste schon der römische Politiker und Philosoph Cicero. Allerdings könnte man gehässig hinzufügen, so alt, wie manche 18-Jährigen heute sind, waren früher die wenigsten 80-Jährigen.

Immerhin dringt ein warmer Lichtstrahl in die Winterdüsternis des Greisentums. Ein Psychologen-Team zweier texanischer Universitäten kam nach aufwendigen Feldstudien und Experimenten zu dem Schluss, dass Menschen zwischen 60 und Anfang 80 weitaus klügere Entscheidungen fällen als Teenager und 20-Jährige.

Es stellte sich heraus, dass junge Menschen Entscheidungen trafen, die sofortige, kurzfristige Vorteile brachten. Die Alten jedoch entschieden so, dass langfristig umso mehr Positives daraus erwuchs. Erstaunlicherweise hängt dies mit einem Verfallsprozess zusammen: die Leistung des ventralen Striatums, jenes Teils des Gehirns, den junge Menschen zur impulsiven Entscheidungsfindung nutzen, lässt im Alter stark nach. Die Greisenhirne jedoch kompensieren dies mit dem präfrontalen Kortex, der Lebenserfahrungen und rationales Denken verarbeitet. Die US-Psychologen fassten ihre Ergebnisse unter dem Titel zusammen: Mit dem Alter kommt die Weisheit. Wie tröstlich.

Es bleibt jedoch George Bernard Shaws neidischer Einwand: Warum ist der Mensch in einem Alter jung, in dem er gar nichts davon hat?

Den Bus verpasst

Am 30. November 1954 lag die unbescholtene US-Hausfrau Ann Elizabeth Hodges daheim in Alabama auf der Couch, als ein Meteorit das Dach durchschlug, vom Radiogerät abprallte und der ruhenden Frau Hodges Blutergüsse bescherte, wo sie sie nicht haben wollte. Wäre ihr jedoch ein Asteroid jener Größe in den Schoß gefallen, wie er vor wenigen Jahren knapp die Erde verfehlt hat, dann wäre ihr der Tag gänzlich verdorben gewesen. Der von phantasiearmen Forschern auf den blutleeren Namen „2011 MD" getaufte Gesteinsbrocken hatte nämlich mit 18 Metern die Größe eines Reisebusses und fetzte in 12 000 Kilometer Entfernung an uns vorbei. Für einen Wanderer ist das schon allerhand, für kosmische Verhältnisse aber bedenklich hautnah. Nun versichert uns die Wissenschaft, er wäre vorzeitig verglüht wie die Sieger bei „Deutschland sucht den Superstar". Das waren aber dieselben Forscher, die „2011 MD" vor Kurzem noch für Weltraumschrott gehalten hatten.

Wir wissen ja: Vor 65 Millionen Jahren semmelte ein Asteroid in die mexikanische Halbinsel Yucatán und machte aus den Dinosauriern prima Fossilien. Für die Entwicklung der Säugetiere war dies der Wende-Hammer. Asteroiden stammen aus der Entstehungszeit unseres Sonnensystems; Millionen dieser kosmischen Körper sind derzeit unterwegs, darunter auch dicke Brocken. Am Freitag, dem 13. April 2029, können die Jüngeren von uns in Erfahrung bringen, ob dies ein Pechtag wird oder nicht. Das hängt stark davon ab, ob der 300-Meter-Asteroid „99942 Apophis" knapp an der Erde vorbeischrammt. Oder nicht.

Natürlich ist es nur üble Nachrede, dass die Bundeskanzlerin bei Annäherung von „2011 MD" für alle Fälle eine Rede vorbereitet hatte, in der es hieß: „Liebe Mitbürger, ich kann Ihnen aufrichtig versichern, dass es schon in Kürze keinen Solidaritätszuschlag mehr geben wird."

Wo bleibt die telefonlose Schnur?

Zu den wohl folgenreichsten Sätzen der Weltgeschichte zählt der legendäre Satz: „Das Pferd frisst keinen Gurkensalat." Diese Äußerung, deren Wahrheitsgehalt von manchen Pferden allerdings äußerst kritisch beurteilt wird, fiel um 1860 im Hause von Johann Philipp Reis. Der Bäckersohn aus Hessen hatte soeben das Telefon erfunden, und sein Schwager im anderen Zimmer telefonierte ihm Weisheiten wie obige durch. Zwar verstand Reis aufgrund kleinerer technischer Unzulänglichkeiten nur Bahnhof, aber das vermochte den Siegeszug des Telefons – diesen Namen hat Reis praktischerweise gleich dazu erfunden – in der Folge nicht aufzuhalten. Obwohl der amerikanische Präsident Rutherford B. Hayes sich ein paar Jahre später mit der Bemerkung unsterblich machte: „Eine erstaunliche Erfindung. Aber wer wollte sie jemals benutzen wollen?" Nun, derzeit ein paar Milliarden Menschen auf der Welt zum Beispiel. In den modernen Gesellschaften gilt ja: Bei Entfernungen über fünf Meter wird telefoniert. Darunter wird natürlich gefahren.

Die britische Medienaufsichtsbehörde Ofcom beklagte in einem Report, dass die rücksichtslose Verwendung von Handys allmählich die tradierten guten Sitten aushebelte. Vielen jungen Mobiltelefonierer sei es völlig schnurz, wo sie gerade bimmelten und schwatzten. Gerade sakrosankte Einrichtungen wie Theater seien in immer gravierenderer Weise betroffen. Der unvergessliche Mime Simon Callow murrte, er benötige eine geschlagene Stunde, um sich von einem Klingeln mitten im Theaterstück zu erholen.

Ein Teil der Jugendlichen telefonierte gar notorisch beim Essen – wobei der Gesprächspartner mutmaßlich ähnlich viel versteht wie weiland Herr Reis. Die Mehrheit der jungen Leute sei bereits süchtig nach den Geräten, die immer smarter daherkommen, während manche ihrer Dauerbenutzer immer dümmer werden – sie lesen nämlich dafür weniger. Die Lösung für das soziale Elend wäre eine bahnbrechende Erfindung: die telefonlose Schnur.

Der Super-Manny

Als meine schwer berufstätige Frau mich befragte, welche Qualifikationen ich von einer möglichen Kinderbetreuerin erwartete und ich wahrheitsgemäß auf lange schwarze Haare und ähnlich wesentliche Attribute verwies, beschloss meine Gattin, die Sache lieber selbst in die Hand zu nehmen.

Das Problem unterschiedlicher Erwartungen an eine „Nanny", wie diese hilfreiche Tätigkeit in der Globalisierungs-Ära etikettiert ist, stellt sich nicht nur bei mir zu Hause, sondern ganz international.

Britische Hausfrauen zum Beispiel sind inzwischen dazu übergegangen, bevorzugt männliche Kindermädchen einzustellen, sogenannte „Mannies". Offenbar reagierten viele Damen schon lange ziemlich unfroh auf erschreckend ansehnliche Au-pair-Mädchen aus Russland oder Schweden, gegen die selbst manche Topmodels aussehen wie Oma Bräsig. Nun freuen sich die Frauen natürlich, endlich die langbeinige Bedrohung am eigenen Herd los zu sein.

Dass die Männer die für sie darin lauernde Gefahr nicht erkennen, sondern sich ebenfalls zufrieden äußern, spricht für die Schlafmützigkeit unseres Geschlechtes. Sie gaben doch tatsächlich an, ein Mann, der sich hauptamtlich mit Kindern befasse, könne ja wohl keine Alternative zu einem echten Kerl darstellen. Selbst wenn er aussieht wie Brad Pitt auf Urlaub. Mancher wird diesen Blödsinn noch hinaustrompeten, wenn der harmlose „Manny" zum neuen Papa seiner Kinder avanciert ist.

Zum Glück gibt es nur drei Arten von Männern, die Frauen nicht verstehen: die jungen, die alten und die in der Mitte.

Und wir wussten doch schon immer, dass Männer hervorragend geeignet sind, um Kinder zu betreuen. Sie sind emotional, umarmen und küssen gern. Wer das nicht glaubt, hat noch kein Fußballspiel gesehen.

Regnet's im Mai,
ist der April vorbei

Der Mai sei ein kategorischer Imperativ der Freude, fand der Dramatiker Friedrich Hebbel. Er kam in Dithmarschen zur Welt, was ihm aber nicht weiter geschadet hat. In jenen Zeiten verbreitete die singende Säge Dieter Bohlen noch nicht das Licht der Weisheit im Fernsehen, und die Leute waren daher gezwungen zu lesen. Deshalb wussten sie, was ein kategorischer Imperativ ist. Immanuel Kant hat ihn erfunden, und er besagt in der Kurzversion: Tu nur das, was anderen auch ganz gut gefallen würde.

Damit sind wir schon mitten im „Wonnemonat Mai". Viele Leute glauben, damit sind die erotischen Wonnen gemeint, weil dieser Tage neben allerlei Grünzeug auch die Libido ihre Triebe steil sprießen lässt und die Hormone sprudeln. Karl der Große, der bekanntlich rund ums Jahr mit seinen vielen Konkubinen nichts anbrennen ließ, hatte den Mai immerhin einst als „Wonnemond" eingeführt. Doch tatsächlich bedeutet das Wort „Weidemonat", weil man nun endlich das Vieh wieder hinaus ins Grüne treiben kann. Ein recht uncharmanter Zusammenhang mit der frühlingsgefühligen Treibjagd junger Zweibeiner auf das andere Geschlecht.

Doch lassen wir den ollen Kant und seinen Imperativ. Es gibt ja volkstümlichere Mai-Weisheiten. Zum Beispiel diese: „Regnet's im Mai, ist der April vorbei." Eine verlässliche kalendarische Aussage, vor allem bei Niederschlag.

Sie könnte vom selben Autor stammen, der auch ländliche Erkenntnisse wie jene in goldene Worte geprägt hat: „Steht im Januar hoch das Korn, ist es wohl vergessen wor'n." Oder mit aktuellem Konsum-Bezug: „Der Bauer legt zur letzten Ruhe / das Schwein meist in die Tiefkühltruhe."

Mai – diese herrliche Zeit der Frühjahrsmüdigkeit nach dem langen Winterschlaf. Wonnen allenthalben: „Die Luft ist blau, das Tal ist grün, die kleinen Maienglöckchen blüh'n", reimte der Dichter Ludwig Hölty, wurde aber trotzdem berühmt. Doch ist – Stichwort Vatertag – oft nicht nur die Luft an Maientagen blau. Getreu dem Motto: Hopfen und Malz erleichtern die Balz.

Doch sind Frühlingsgefühle keineswegs auf die jüngere Generation beschränkt – obwohl das Wort Mai so viel wie jung bedeutet. „Es wagt's der alte Apfelbaum, Herz wag auch du's", machte sich der alte Theodor Fontane auf lyrischem Wege selber Mut.

Ach ja: Der 1. Mai wird weltweit auch noch als „Tag der Arbeit" gefeiert. Und so viel weiß man ja: Wer die erfunden hat, muss auch sonst nichts zu tun gehabt haben.

Wer hat Angst vor Altersvollzeit?

Im Gedanken an den bevorstehenden Ruhestand erfasst manchen Rentner in spe eine gewisse Beklemmung: Man hat dann keinen Tag mehr frei und kann nicht einmal mehr Urlaub einreichen. Nicht wenige werden dann für die Firma „Dasda" weiterarbeiten: „Schatz, jetzt hast du ja Zeit, dann mach doch endlich mal das da und danach am besten gleich das da."

Der Großteil jener Deutschen, die in einer Beziehung leben, hat aber keine Bedenken, was die gemeinsame Altersvollzeit anbelangt: Sie freuen sich vor allem auf mehr Zeit mit ihrem Partner. Doch eine starke Minderheit befürchtet, dass sie und ihr Partner sich furchtbar auf die Nerven gehen könnten. Es ist vor allem bei beziehungserfahrenen Frauen die Rede vom Ruhestands-Stress.

Naja, manche Männer schielen dann verstärkt jungen Mädels hinterher und wünschen sich brennend, noch mal 20 zu sein. Jenen Herren, die unverdrossen noch im ganz hohen Alter den Damen hinterhersteigen, kann es allerdings ergehen wie Hunden, die hinter Autos herjagen: Wenn sie sie erreicht haben, wissen sie nicht, was sie damit tun sollen.

Viele Ruheständler suchen neue Herausforderungen; einige versuchen gar, einen Achttausender zu erklimmen. Das geht leider nicht immer gut. „Schnee war sein letzter Griff, bevor er in die Tiefe pfiff", lautet eine diesbezügliche Bergsteigerweisheit.

Ein Großteil der Rentner sitzt lieber am Computer. Aber selbst dort lauern Gefahren: Auf jeden Fall vermieden werden sollte die fatale Tastenkombination „Alt" und „Entfernen"!

Kommst du noch auf ein Buch mit hoch zu mir?

Der Kabarettist Dieter Hildebrandt vertrat die Ansicht, der inhaltsschwere Begriff Bildung komme von „Bildschirm" und habe nichts mit „Buch" zu tun. „Sonst hieße es ja Buchung." Diese Auffassung ließe sich durch die Erkenntnis eines anderen Berufserheiterers, des US-Komikers Groucho Marx, erweitern: „Fernsehen bildet! Immer wenn der Fernseher an ist, gehe ich in ein anderes Zimmer und lese."

Nun gibt es Menschen, die für eifrige Büchersammler nicht viel übrig haben. Möbelpacker zum Beispiel. Andere Zeitgenossen haben aufgrund der global grassierenden elektronischen Häppchenkost nur noch die Aufmerksamkeitsspanne einer Gnitze und würden schon am Vorwort scheitern.

Den als notorisch bildungsfern geltenden Fahrern eines Opel Manta wurde einst dieser Dialog in den Mund gelegt: „Ich habe mir ein Buch gekauft." „Wow! Schon eingebaut?" Und über den früheren US-Präsidenten George W. Bush hieß es in einer Pressemeldung, er sei untröstlich, dass seine private Bibliothek abgebrannt sei. Beide Bücher seien ein Raub der Flammen geworden. Und eines habe er noch nicht einmal fertig ausmalen können. Das könnte Donald Trump nie passieren! Der liest nur Scheckbücher.

Doch für die meisten Bundesbürger spielen Bücher durchaus noch eine Rolle. Vor allem dann, wenn sie einen potenziellen neuen Partner einschätzen wollen.

Dann stöbern sie umgehend in den Bücherregalen herum, sobald sie zum ersten Mal im Wohnzimmer des neuen Partners stehen. Steht da neben dem Bildband „Winkelschleifer aus aller Welt" nur noch ein *Playboy*-Sammelheft, dann sollte ein Kandidat mit ausgeprägten literarischen Neigungen die Partnerwahl noch einmal einer Prüfung unterziehen. Aber viele Männer schauen sowieso nur auf die technische Ausstattung einer Wohnung. Wie praktisch: Da passt dann oft die Bildung zum Flachbildschirm.

Weiter geht es mit Gebrumm

Der eher ländliche Distrikt North Devon in Südwestengland mit der Metropole Barnstaple erfreute sich bis vor einiger Zeit außerhalb des Inselreiches einer nur begrenzten Bekanntheit. Das änderte sich mit einer heroischen Tat, die international gewürdigt wurde.

Im Ort Swimbridge hatte die achtjährige Landschildkröte Atlas die richtungsweisende Silbe „Land" vor ihrem Ordnungsnamen sträflich ignoriert, war in ein kleines Wasserbecken gekrabbelt und hatte schließlich mangels Luftzufuhr die Atmung eingestellt. Ihr Halter, der 34-jährige Krankenhausarzt Ben Waterfall, ergriff das klinisch tote Tier, nahm kurzerhand dessen ganzen Kopf in den Mund und begann mit einer, sagen wir, Mund-zu-Maul-Beatmung. Nach sechs langen Minuten, die Dr. Waterfall „etwas schleimig" vorkamen, war Atlas wieder unter den Lebenden. Der Arzt zog später in den Medien allerdings eine ernüchternde Bilanz seiner Heldentat: Erstens verspotteten ihn nun die Kollegen. Und zweitens sei das gerettete Tier jetzt noch mürrischer als sonst.

Offenbar gehört Atlas nicht zu jenen Schildkröten, die notfalls durch den Hintern atmen können; eine praktische Fertigkeit, die auch den wenigsten von uns so recht gelingen will. Ben Waterfall räumt ein, der Beinahe-Tod von Atlas habe ihn emotional erschüttert, denn es verbinde ihn inzwischen eine tiefe Freundschaft mit dem Reptil.

In Weinheim im Rhein-Neckar-Kreis ist man technisch übrigens schon weiter. Nach Ludwigshafen schaffte auch Weinheims Feuerwehr ein Set spezieller Sauerstoffmasken für Tiere an. Damit können Hunde, Katzen und sogar Meerschweinchen und Hamster im Notfall erstversorgt werden. Ob diese Masken auch Stubenfliegen passen, ist unsicher. Kürzlich sorgte sich eine Frau im Internet um das Schicksal einer fast in ihrem Kaffee ertrunkenen Fliege, die nicht mehr auf die Beine komme. Wenn es interessiert – neben wenig hilfreichen Kommentaren kam auch dieser Lösungsvorschlag: Die Fliege mit etwas Salz bestreuen, das zieht Wasser raus. Und weiter geht es mit Gebrumm.

Nicht mehr anrufen, E. T.

Die Frage, ob es intelligente Lebensformen im Weltall gibt, ist noch nicht einmal schlüssig für unseren eigenen Planeten beantwortet. Denken Sie nur an die vielen sinnlosen Kriege oder die Energiepolitik der EU. Doch seit einem halben Jahrhundert schon wollen unerschrockene Wissenschaftler mithilfe aufwendiger Technik unbedingt wissen, ob wir eigentlich die Einzigen in unserer Galaxie sind, die derart viel Unsinn verzapfen. Nun ist die Kommunikation mit Aliens noch schwieriger als die zwischen Mann und Frau. Wohnt der extraterrestrische Partner 100 000 Lichtjahre entfernt, wird es 200 000 Jahre dauern, bis eine Antwort eintrifft. Da kann einem die Zeit schon lang werden. Der klamme US-Bundesstaat Kalifornien jedenfalls suchte eine etwas flottere Lösung für seine Haushaltsmisere. Nach zwei Amtszeiten von Gouvernator Arnold Schwarzenegger präsentiert sich Kalifornien in ähnlich praller Verfassung wie unsere FDP. Arnies Nachfolger jedenfalls drehte dem Projekt SETI, der

Suche nach Aliens, den Geldhahn zu. 42 segelohrige Radioteleskope stehen nun dumm herum.

Allerdings haben die Schüsseln in 50 Jahren Lauschangriff keinen einzigen intelligenten Pieps erfasst. Die Aliens hören uns etwa so aufmerksam zu wie Männer morgens beim Frühstück ihrer Frau. E. T., der liebenswerte Weltraumknirps, optisch eine gewöhnungsbedürftige Kreuzung aus Orang-Utan und Bratwurst, kam wenigstens her und wollte dann „nach Hause telefonieren". Nun kann er sich einen Rückruf sparen, bei SETI herrscht Funkstille.

Dabei liegt doch die Lösung auf der Hand, warum keiner hier anruft. Mit Entsetzen haben die Aliens einige Fernsehsendungen mit Mario Barth und Reden von Donald Trump gesehen. Und haben uns schleunigst aus der Liste der intelligenten Spezies gestrichen.

Frauen gegen die Begleitvegetation

Ein Garten sei zur Lust, zur Erbauung und Erquickung der Sinne da, aber nicht zum Aufenthalt eitler Frauen, meinte der Prediger Abraham a Sancta Clara im 17. Jahrhundert. Als Augustinermönch verstand der geistliche Herr schon nichts von den damaligen Frauen, aber die heutigen Gärtnerinnen würden ihm mächtig etwas erzählen.

Von wegen Eitelkeit – für viel mehr Frauen als Männer ist Gartenarbeit reine Erholung.

Zwar nennt die Bibel den Ackerbau als Strafe für den Sündenfall, aber die bodennahe Tätigkeit bedeutet für erstaunlich viele Menschen echte Kreativität. Viele Großstädter kennen das Wort Garten ja nur im Zusammenhang mit Bier. Und sie können es nicht fassen, dass Hobbygärtner, diese Löwenmaulhelden, Pferdemist auf ihre Erdbeeren tun. Sie selber würden nie auf diese Idee kommen – sie tun nie etwas anderes als Sahne darauf.

Dabei sind GärtnerInnen echte Helden; sie befinden sich im permanenten Kriegszustand mit der

„spontanen Begleitvegetation", besser bekannt als Unkraut. Die in der Scholle fest verwurzelten Gegner tragen so klangvolle Namen wie Flohknöterich, Schlitzblättriger Storchschnabel oder Behaartes Knopfkraut. Und das Umgraben behagt nicht jedem Gartenfreund und seinen unteren Rückenwirbeln. Ein ganz Listiger ließ im Internet durchblicken, er habe eine brisante CD mit den Steuerdaten aller deutschen Politiker verbuddelt. Das Umgraben übernahm dann kostenfrei die Polizei. Gültig für fast alle Gärten bleibt die Weisheit: Kannst du dein Haus nicht mehr erspähen, wird es Zeit zum Rasenmähen.

Das Glück des
Verlierers

Der Neandertaler, so viel wissen wir, war keine konvertierbare Währung, sondern der am Ende gescheiterte Versuch von Mutter Natur, auch mit geringerem Aufwand klarzukommen. Also eine Art Trabbi der Evolution. Bezüglich der frühmenschlichen Partnerwahl geht die Wissenschaft davon aus, dass die Kerle sich so lange prügelten, bis der verbeulte Sieger am Ende sämtliche Damen abschleppte. Die Rivalen gingen leer aus. Dieses Prinzip hat sich im Mehrheitswahlrecht erhalten.

Der US-Biologe Sergej Gavrilets von der Universität von Tennessee hat dazu eine erfrischende neue These vorgelegt. Danach haben die Urfrauen irgendwann die sexuelle Revolution eingeleitet, indem sie nicht mehr den Stärksten wählten, sondern denjenigen, der sich am rührendsten um sie und ihren Nachwuchs kümmerte. Und das waren die Verlierer der Rangkämpfe, die sich mit dieser alternativen Werbestrategie bei den Mädels anbiederten. Die Zweierbeziehung entstand. Unser modernes Lebensmodell mit Ehe und erziehungsengagierten Vätern geht im Kern also auf weibliche Egoisten und männliche Verlierer zurück.

Schon damals aber verlief nicht jede Partnerschaft ungetrübt glücklich. Überliefert ist die Antwort jenes Mannes, dem man mitteilte, dass ein Säbelzahntiger in die Höhle seiner Frau eingedrungen sei: „Das ist ja entsetzlich! Aber nun muss das arme Tier selber sehen, wie es da wieder rauskommt."

Platon liebte ganz unplatonisch

Die Frau – bekanntlich das Beste, was es in dieser Art derzeit gibt – verfügt über ein überreiches Repertoire an geistigen, seelischen und körperlichen Fähigkeiten. Wir wollen uns nicht weiter mit jenen retardierten Männern aufhalten, die sich nur auf den letzten Punkt konzentrieren können.

Ganz im Gegenteil: Erinnern wir uns an jenen Helden der klassischen Philosophie, nach dem sogar eine Form der Liebe benannt ist: richtig – Platon. Zwar sind auch noch platonische Körper nach ihm benannt, die eine wunderbare Symmetrie aufweisen. Das bezieht sich trotzdem nicht auf Frauen, denn platonische Körper werden von lauter kongruenten Vielecken begrenzt, was auf die meisten Frauen glücklicherweise nicht zutrifft.

Uns interessiert vielmehr die platonische Beziehung. Die liegt dann vor, wenn eine Frau sagt: Hände weg, ich will dich nicht als Freund verlieren. Ob eine erfüllte platonische Beziehung – vulgo: ohne Sex –

überhaupt möglich ist, gilt als ebenso umstritten wie die Existenz des Yeti. Seit fast 2500 Jahren jedenfalls steht Platon im Verdacht, es in seinen Partnerschaften berührungsfrei gehalten zu haben.

Doch nun hat der britische Historiker Jay Kennedy von der Uni Manchester sorgfältig kodierte Botschaften in Platons Werk entdeckt. Die Entschlüsselung dieser Symbole erbrachte eine überraschende Erkenntnis: Der alte Schlingel aus Athen wusste auch bezüglich der Damenwelt sehr wohl, was gut ist. Den prüden Zausel habe Platon nur gegeben, weil sein Lehrer Sokrates wegen „Verderbens der Jugend" hingerichtet wurde und er dies für sich gern vermeiden wollte.

Platon empfiehlt allerdings keine sexuelle Hemmungslosigkeit, sondern einen goldenen Mittelweg. Um es mit Martin Luther auszudrücken: In der Woche zwier, schadet weder ihm noch ihr.

Wenn uns also mal wieder jemand eine platonische Beziehung vorschlägt, können wir frohen Mutes antworten: Ich bin dabei!

Der Greis ist heiß

Das brisante Thema Sex im Alter ist von alters her ein gesellschaftliches Tabu, zum Verschweigen verdammt. Nur nicht an der Witzfront – da ist gern von erhitzten Greisen die Rede, die emsig hinter jungen Mädels her schlurfen, aber nicht mehr wissen, warum. Oder von dem Opa, der behauptet, noch immer beinahe jeden Tag Sex zu haben: „Beinahe am Montag, beinahe am Dienstag ..." Wer den Schaden hat, spottet jeder Beschreibung. Und viele Kinder, von Enkeln ganz zu schweigen, grausen sich schon beim Gedanken an erotische Aktivitäten der Altvordern. Dabei ist dies ebenso wünschenswert wie normal.

Ausgerechnet die Briten, bekannt für ihren Schlachtruf „No sex please, we are British", haben nun einen bemerkenswerten Vorstoß unternommen, um dieses Tabu zu brechen. Und zwar auf Initiative des Stadtrats von Portsmouth. Vielleicht liegt das daran, dass die Hafenstadt in Südengland schon seit Jahrhunderten von einschlägig interessierten Seeleuten der Royal Navy heimgesucht wird. Jedenfalls wurde unter dem erhebenden Etikett „Generation Sex" ein Workshop beworben, mit dessen Hilfe wieder der Spaß in das Liebesleben der Betagten einziehen sollte. Vollmundig wurden erotische Beratungen auch seitens eines ausgewiesenen Experten des nationalen Gesundheitsdienstes in Aussicht gestellt.

Um das Resultat auf einen kurzen Nenner zu bringen: Es kam kein Schwein. Und die Veranstaltung musste abgesagt werden. In einer örtlichen Zeitung fand sich ein Hinweis auf die mögliche Ursache des Debakels: „Wenn du über 60 Jahre alt geworden bist und immer noch keine Ahnung hast, wie es richtig geht, dann hast du wohl nicht richtig gelebt."

Die meisten Menschen haben übrigens mit über 50 mehr Spaß am Sex als in jungen Jahren. Da fragt zum Beispiel der Arzt einen älteren Herrn, wann er das letzte Mal Sex gehabt habe. Und der Mann antwortet: 1945. Da meint der Arzt bedauernd, das sei aber sehr lange her. Da guckt der Rentner auf die Uhr und entgegnet: „Wieso? Gerade mal eine halbe Stunde! Jetzt haben wir 2015."

Eine Art Held

Mann hat es nicht leicht. Wenn das Kind in der Wanne fragt: „Wo ist denn der Waschlappen?", und Mama antwortet: „Der ist mal eben Zigaretten holen" – dann ist in dieser Ehe evolutionsbiologisch etwas aus dem Ruder gelaufen.

Denn der Mann, das wissen wir aus den „Rambo"-Filmen, ist von der Natur als standhafter, aggressiver Kämpfer vorgesehen. Wissenschaftler haben zwischen der Neigung des Mannes zum Penetrieren mit Lanze, Pfeil und Schwert sowie der mit körpereigener Ausstattung eine Beziehung erkannt. Die altehrwürdige Londoner Royal Society, deren Gründung noch in späten Ritterzeiten erfolgte, legte diese kühne These in ihren „Philosophical Transactions" dar. Danach besteht zwischen dem männlichen Sextrieb und den Kriegen auf der Welt ein direkter Zusammenhang.

Wer in der Urzeit grunzend ein paar Fremdlinge erschlug, schützte sein Territorium, hatte damit mächtig Schlag bei den Mädels und konnte ihnen auf das Zutraulichste seine Gene weitergeben. Etwas uncharmant weisen die britischen Forscher allerdings darauf hin, dass das Territorialverhalten von Männern und Schimpansen große Ähnlichkeiten aufweist. Nur dass unsere haarigen Mit-Primaten bislang nicht auf die Idee gekommen sind, die liebe Sitte zu Weltkriegen auszubauen. Auch sei der Gemeinschaftsgeist bei Frauen bei Weitem nicht so ausgeprägt wie bei der Kampfgemeinschaft der Männer. Aber das wissen wir doch von den Zickenkriegen bei Model-Wettbewerben.

Apropos: Im Gegensatz zu Männern sei bei Frauen ein „Hilfs- und Freundschafts-Instinkt" fest eingebaut, der sie dazu anhält, Konflikte friedlich zu lösen, heißt es in der Studie. Man hört förmlich schon einen gewaltigen Chor von Männern rufen: „Da kennen die aber meine Frau nicht!"

Doch wir wollen zum Ausgleich die feministische Sichtweise nicht unterschlagen. So heißt es, wenn ein Mann eine Frau aus dem Fenster stoße, so stehe dies anderntags in der *Bild-Zeitung*. Wenn aber eine Frau einen Mann aus dem Fenster werfe, sei das eher ein Fall für *Schöner Wohnen*.

Ziehen Sie noch um oder wohnen Sie schon?

Wenn Sie einen Mitbürger dabei beobachten, wie er sorgfältig die Tapeten von den Wänden löst, dann muss dies nicht unbedingt bedeuten, dass er renovieren will. Vielleicht ist er Schotte oder gar Schwabe und will umziehen.

Vom amerikanischen Universalgenie Benjamin Franklin (1706–1790), der neben dem Blitzableiter auch die USA erfand, stammt die Gleichung: dreimal umziehen = einmal abbrennen. Entsprechend der alten Weisheit „Drum prüfe, wer sich ewig bindet, ob sich nicht doch 'ne bessre Wohnung findet", wagen Millionen Deutsche in ihrem Leben mehrfach einen Umzug. Senioren sind meist viel schneller fertig mit dem Umzug als jüngere Menschen. Vermutlich, weil sie weniger Lebenszeit vertrödeln wollen.

Doch viele Deutsche sind auch ein volles Jahr nach dem Umzug noch nicht mit allen Arbeiten fertig; so sind noch die Wände trostlos kahl oder es baumeln karge Glühbirnen von der Decke. Bei gar nicht so wenigen sind noch nicht einmal alle Umzugskartons ausgepackt. Über die Details des Umstands, dass etliche der Umzügler auch nach einem Jahr noch nicht die Klobrillen angebracht haben, wollen wir den Mantel des Schweigens breiten.

Es gibt übrigens Zoohandlungen, die reichlich Kakerlaken, Silberfische, Kellerasseln und tote Mäuse vorrätig halten – da Vermieter gern fordern, die Wohnung exakt in den Zustand zurückzuversetzen, den Sie beim Einzug angetroffen haben.

Hotel Mama, durchgehend geöffnet

Ältere Leser werden sich noch an die Revolutionswirren von 1968 erinnern, als das Verhältnis zwischen Eltern und Kindern einer gewissen Trübung unterworfen war („Vater und Mutter geh'n immer kaputter") und oft einer entmilitarisierten Zone glich – im günstigsten Fall. Manch aufmüpfige Tochter hielt sich nur noch teilweise an die strikte Order, um zehn Uhr im Bett zu sein: Die Zeit hielt sie ein; die Adresse nicht. Allerdings hatten die damals gültigen Erziehungsmethoden in der Tat gewisse Schattenseiten. So führte die nachdrücklich vorgetragene Aufforderung „Iss jetzt deinen Teller leer! Dann gibt es morgen auch schönes Wetter" zu fetten Kindern und der Klimaerwärmung.

Heute haben sich die Generationen längst wieder auf das Zutraulichste angenähert. Auch wenn es hier und da gewisse Fälle gibt, in denen das erwachsen gewordene Kind den Kontakt vorrangig mit interessengeleiteten E-Mails pflegt: „Liebe Eltern, ich habe schon lange nichts mehr von Euch gehört. Schickt mir doch bitte 1000 Euro, damit ich weiß, dass es Euch gut geht."

In unseren Tagen bleibt man meist eng verbunden; der flügge gewordene Nachwuchs kommt noch häufig, um seine Wäsche waschen und sich bekochen zu lassen.

Das Hotel Mama – „täglich geöffnet, durchgehend kalte und warme Speisen, hauseigene Wäscherei, kostenfreier Taxiservice, ambulante Krankenversorgung und psychologische Beratung" – ist bestens ausgebucht. Und in vielen Fällen bleibt der Nachwuchs gar gleich im Haus. Was allerdings hin und wieder zu tyrannischen Zuständen führen kann: „Solange ich meine Füße unter euren Tisch stecke, gibt es was Anständiges zu essen. Klar?"

Ich bügle,
also bin ich

Im Zen-Buddhismus gilt es, einen Zustand der Erleuchtung zu erreichen. Dies kann durch meditative Versenkung, aber auch durch die Ausführung immer gleicher Bewegungen erfolgen – etwa beim Bogenschießen oder Blumenbinden. Noch zählt Bügeln nicht zum klassischen Katalog der Zen-Aktivitäten, sollte es aber. Wo sonst führt man immer gleiche, völlig sinnentleerte Bewegungen aus? Millionen Erleuchtete müssten demnach unser Land bevölkern, denn die Deutschen bügeln gern. Das Luzerner Link-Institut hat sogar herausgefunden, dass fast zwei Drittel der Deutschen das Bügeln als reine Freude empfinden, mehr als jeder Dritte bügelt sogar noch seine Unterhosen.

Für Männer war diese Tätigkeit bekanntlich lange ein ganz heißes Eisen. Aber inzwischen ist so mancher von uns bereits ein Meister paralleler Bügelfalten – und zwar auf jedem Hosenbein.

Bügeleisen gibt es seit dem 15. Jahrhundert, sie waren aus Gusseisen. Das war praktisch, denn man konnte damit auch die Dellen aus der Rüstung beulen. Früher gab es sogar mal Gasbügeleisen. Die wurden aber leicht undicht, und dann flog der Bügelkeller in die Luft. Das haute zwar zuverlässig alle Unebenheiten aus der Wäsche, zog aber zugleich die Hausfrau ganz erheblich in Mitleidenschaft.

Männliche Bügelneulinge sind oft am Kopfverband zu erkennen – die haben sich das Gerät ans Ohr gehalten, als der Wäschetrockner klingelte. Und wer die Kleidung beim Bügeln anbehält, um Zeit zu sparen, muss mit noch schwereren Schäden rechnen. Mancher wackerer Bügler leidet auch an Dauererkältungen, weil er unmittelbar nach dem Duschen bügelt. Dabei gilt die Anweisung „Hemden immer feucht bügeln" wohl eher für das Kleidungsstück.

Vor zwei Jahren brach übrigens ein junger Bundeswehroffizier den Weltrekord einer Schweizer Hausfrau im Dauerbügeln und stand mehr als 58 Stunden am Brett. 2011 erreichte er sogar das Finale der Deutschen Meisterschaft im Haushalts-Fünfkampf, patzte aber beim Bodenwischen. Solche Offiziere brauchen wir, wenn in Afghanistan die Arbeit getan ist.

50 Generationen Krabbelsex

Die vor allem von FeministInnen gern aufgeworfene Grundsatzfrage, ob Männer angesichts des biotechnischen Fortschritts überhaupt noch notwendig sind („Der erste Mann auf dem Mond: ein guter Anfang!"), ist von einigen anderen Arten längst beantwortet worden. Zum Beispiel vermögen sich die Weibchen des Reptils *Cnemidophorus neomexicanus* aus der Gattung der Rennechsen ganz ohne Männer zu vermehren.

Das klingt nicht nur unromantisch und hat dem armen Tier den politisch unkorrekten und ziemlich unwissenschaftlichen Beinamen „lesbian lizard – Lesbenechse" eingetragen. Es führt auch dazu, dass die Echsen-Töchter im Grunde Klone der Mütter sind. Ein biologisches Prinzip, das vielleicht nicht in jedem Fall erstrebenswert ist.

Die moderne Wissenschaft unterstützt nun die Existenz von Männern mit dem eingängigen Argument, dass sie dank ihrer sexuellen Bemühungen für genetische Vielfalt und damit für biologische Gesundheit sorgen. Der sexuelle Wettbewerb unter uns Kerlen bewirkt überdies, dass die Mädels, genetisch betrachtet, nur das Allerbeste bekommen. Jedenfalls in der Theorie.

Um dies in der Praxis zu untermauern, veranstalteten Wissenschaftler der University of East Anglia eine Versuchsreihe über zehn Jahre. Aus ethischen und anderen Gründen nahm man dafür keine Studenten, sondern Reismehlkäfer. Deren Männchen ähneln Männern zumindest insofern, als sie sich gern paaren und alles wegfressen, was man nicht vor ihnen in Sicherheit bringt. In einigen Testgruppen konkurrierten 90 Käfermänner um nur zehn Damen, in anderen überwogen die Mädels.

Nach 50 Generationen heißem Krabbelsex im Dienste der Forschung war klar: Die Kerle, die das Rennen am Ende gemacht hatten, waren fit und brachten daher prächtige Gene mit. Die Population in diesen Gruppen gedieh. Käfergruppen ohne sexuellen Wettbewerb dagegen starben aus. Vermutlich an Langeweile.

Männer sind zu allem fähig, aber zu nichts zu gebrauchen? Von wegen!

Land munter

„Das reine unverfälschte Landleben! Die Leute stehen früh auf, weil sie so viel zu tun haben. Und sie gehen früh ins Bett, weil sie so wenig zu denken haben." An dem bedenklich vorurteilsbelasteten Zitat des viktorianischen Spötters Oscar Wilde (1854–1900) ist abzulesen, wie sehr sich die Zeiten geändert haben. Heute geht auch die Landbevölkerung später ins Bett – zum Beispiel, weil sie noch das Dschungelcamp sehen will.

Nicht jeder Deutsche fühlt sich in der Stadt am besten aufgehoben, wo man ihm mit hohen Hundesteuern nachstellt und mit dem Ausbau von Busspuren den Lebensraum einengt.

Entsprechend gefällt einer großen Mehrheit der deutschen Landbevölkerung ihr Leben im Grünen. Dabei wird etwa das Risiko heftigerer Stürme auf dem freien Land leichtfertig ignoriert. („Ist dein Dach schwer beschädigt worden?" „Keine Ahnung – ich hab es noch nicht gefunden.") Die Nähe zur Natur und eine intakte, meist bäuerlich geprägte Dorfgemeinschaft machen den Reiz des Landlebens aus. Dessen Regeln sind einfach und gut nachvollziehbar, wie: „Iss, was gar ist, trink, was klar ist." Aber auch: „Wächst der Magd ein dicker Bart, wird der Winter lang und hart."

Tiefe Erkenntnisse wie „Ist er leer, der Hundeteller, war der Bauer wieder schneller" prägen den ländlichen Alltag. Und auch auf dem Land gibt es gute Einkaufsmöglichkeiten. Wer etwa ein Heugebläse oder eine Getreideförderschnecke erwerben will, ist hier genau richtig. Falls jemand tatsächlich mal einen anderen Artikel benötigen sollte, kann allerdings schon mal der Weg in die Stadt nötig werden.

Die Landbewohner schätzen vor allem die gute Kinderbetreuung und die medizinische Versorgung – aber nur wenige sind mit dem Freizeitangebot zufrieden. Da heißt es eben Bullen-Prämierung statt Bolschoi-Ballett. Und Obacht bei dörflichen Zeltfesten und ihren Trinkritualen! Es gilt, stets die alte Weisheit zu beachten: „Nach acht Runden Doppelkorn, fällt der Trinker meist nach vorn."

Wer hat hier einen Vogel?

In früheren Zeiten glaubte man, in den Köpfen von Menschen könnten sich Vögel und allerlei anderes Getier einnisten und dort einen der Gehirnleistung abträglichen Kurzschluss verursachen. Und obwohl heute in den meisten Schulen deutlich mehr als Singen und Klatschen gelehrt wird, weisen sich immer noch Mitbürger gegenseitig darauf hin, dass sie einen Vogel im Hirn wohnen hätten: mit dem Autofahrergruß. Bei gebotener Gelegenheit tippen sich viele Autofahrer an die Stirn, um ihrem Ärger Ausdruck zu verleihen. Diese Geste ist übrigens strafbar. Der „Doppelvogel" hingegen, bei dem man gleich beide Zeigefinger einsetzt, bleibt juristisch meist ungesühnt, führt das vorübergehend lenkungslose Fahrzeug aber gern mal in den Straßengraben.

Das Fahren gilt vielen Deutschen geradezu als kultische Handlung. Spaß verstehen sie da selten; was den Amerikanern ihr Sturmgewehr, ist den Teutonen ihr Automobil. Rallyefahrer Walter Röhrl hat es einmal auf den Punkt gebracht: „Ein Auto kann man nicht wie einen Menschen behandeln. Ein Auto braucht Liebe."

Auf dem Gefechtsfeld Straße gibt es häufig nicht nur eine gewisse Arroganz der Großmotorigen („Rechts kommt ein Smart und links ist auch frei") und Egomanie („Ich blinke nicht, weil es die anderen nichts angeht, wo ich hinfahre"), sondern auch eine diffuse Wut auf alles, was da sonst noch so fährt. Die allermeisten Deutschen ärgern sich über Drängler und Überholer, viele aber auch über Langsamfahrer. Egal, ob man 220 oder 20 fährt – man kann es den Leuten einfach nicht recht machen. Doch auch wer sich bemüht, alles richtig zu machen, gerät ins Visier: Erstaunlicherweise können viele Deutsche keine Mitbürger leiden, die die Verkehrsregeln befolgen. Mancher Verkehrssünder, der ein Strafmandat erhält, knurrt den Polizisten sogar an: „Das lese ich mir erst zu Hause durch; ohne Brille sehe ich kaum etwas." Es ist indes ratsam, auf die Frage des Beamten: „Haben Sie Restalkohol?" nicht zu antworten: „Nein, aber drüben an der Tankstelle kriegen Sie bestimmt was."

Heiratest du mich?

Rund alle vier Jahre, am 29. Februar nämlich, sind ledige Männer in Großbritannien in einer ähnlich beklagenswerten nervlichen Verfassung wie die Elche in der schwedischen Jagdsaison. Nicht wenige der Verstörten nehmen die Beine in die Hand und suchen Schutz in einer vergleichsweise ungefährlichen Gegend, etwa im Jemen.

Der 29. Februar heißt bei den Angelsachsen „Leap Day" – also Sprungtag. Das kann sich aus dem Umstand herleiten, dass er ausschließlich in Schaltjahren (leap year) vorkommt, vielleicht hängt es aber auch damit zusammen, dass die Männer dann ständig auf dem Sprung sind. Der Legende nach hat nämlich der Heilige Patrick im fünften Jahrhundert wohl aus frühen emanzipatorischen Motiven heraus eingeführt, dass Frauen an diesem Tag ledigen Männern ungestraft einen Heiratsantrag machen dürfen. Vielleicht hatte Patrick diesen Einfall ja, nachdem er angeblich 40 Tage ohne Wasser und Nahrung ausgekommen war. Das schottische Parlament setzte jedenfalls 1288 mit einem entsprechenden Gesetz nach, das widerspenstigen Antragsablehnern mit einer Geldstrafe dohte. Traditionell tragen Frauen bei diesem Heiratsantrag rote Reithosen – was ein schöner Hinweis für den zur Strecke gebrachten Mann ist, wer künftig die Hosen an hat. Der 29. Februar heißt auch „Bachelors Day". Wohl, um Junggesellen als bedrohte Art zu ehren.

Ein Tipp für bindungsfreudige Damen: Es hat sich bewährt, auf die Frage des überraschten Herrn „Wie komme ich denn zu diesem Antrag?" nicht zu antworten: „Die anderen wollten alle nicht."

Natürlich gab und gibt es viele Frauen, die zwischenmenschlich nicht auf Eigeninitiative oder ein Schaltjahr angewiesen sind. Wie die berühmt-berüchtigte US-Schauspielerin Mae West (1893–1980), die lebenslang alle paarungsfähigen Kerle einfing, die nicht bei drei im Schutzraum waren. Sie würde sich wieder für alle ihre Männer entscheiden, sagte sie einmal. „Nur nicht in dieser Reihenfolge."

Haufenweise Tatörtchen

Der Hund gilt als ältester Begleiter des Menschen; er wedelt seit mindestens 40 000 Jahren um uns herum. Damit ist er womöglich noch älter als die Einkommensteuer. Man muss allerdings nicht unbedingt die Ansicht der ansonsten geistreichen Salondame Madame de Staël (1766–1817) teilen, die befand: „Je besser ich die Männer kenne, desto lieber habe ich meinen Hund." Richtig ist immerhin: Beim Hund ist Kaltschnäuzigkeit kein Charakterfehler, beim Halter schon.

Aber auch bei diesem Thema erweist sich die Weisheit des Kanzlerwortes: „Wichtig ist, was hinten rauskommt." Das ist dann das, was kleine Kinder gern mal mit dem Hinweis nach Hause tragen: „Ih, guck mal, Mama, in was ich beinahe reingetreten bin."

Allein in Berlin kommen täglich 30 Tonnen hündischer Hinterlassenschaften zusammen. Die besten Hürdenläufer kommen bekanntlich aus Großstädten; sie sind eben seit Kindesbeinen an sprungstarkes

Parcours-Laufen unter Vermeidung von Tretminen gewohnt.

Der Kampf gegen den Köterkot tobt allerorten; in manchen Städten sind inzwischen mehr Menschen mit Schäufelchen unterwegs als am Strand von St. Peter-Ording. In Nürnberg zum Beispiel gibt es für städtische Mitarbeiter die reizvolle Aufgabe, auf Motorrollern durch die Parks zu patrouillieren und per Saugrohr alles einzusammeln, was auf den Gehwegen ungern gesehen wird. Das beschauliche Teltow in Brandenburg, bislang vorrangig durch die Nutzung der märkischen Speiserübe in Erinnerung, startete die Kampagne „Teltows Tatörtchen", um seine Straßen häufchenfrei zu gestalten. Drittklässler einer Grundschule in Schweinfurt entwickelten gar den „Schweini-Robo" – einen kleinen Roboter, der bedrohliche Hinterlassenschaften erkennt und einsammelt.

Die Stadt Neapel, bekannt durch gewaltige Bodenerhebungen wie den Vesuv und die Müllberge, beschreitet radikal neue Wege: Hunde müssen dort zur Blutuntersuchung, damit ihre Häufchen per DNA-Analyse dem Verursacher zugeordnet werden können. Übrigens: Hund heißt auf Italienisch cane. Und nicht Labello.

Was ist das Beste, das je aus Schweden kam?

Der Franzose Romain Seignovert ist notorischer Optimist. In einer Situation, in der das Verhältnis vieler EU-Staaten zueinander von ähnlicher Herzlichkeit geprägt ist wie jenes zwischen CDU und CSU, betreibt der 29-Jährige unverdrossen einen Internet-Blog namens „Europeisnotdead". Die Beteuerung, dass die europäische Idee nicht tot sei, bewegt sich derzeit allerdings bedenklich auf dem Niveau von „die Rente ist sicher". Seignovert, der in Brüssel für eine Kommunikationsagentur arbeitet, hat die bösen, politisch wunderbar unkorrekten Witze gesammelt, die Europäer übereinander erzählen und findet sogar, der Spott sei durchaus „ein Zeichen der Zuneigung". Aus der Sammlung ist ein Buch mit dem Titel „De qui se moque-t-on" („Über wen machen wir uns lustig?") geworden.

Man erfährt daraus viel über uns Europäer. Etwa über die Portugiesen, die über die Arroganz der Spanier lästern: „In einer Umfrage haben 11 von 10 Spaniern angegeben, dass sie sich anderen Völkern überlegen fühlen." Über die Deutschen: „Deutsche Fußballer sind wie deutsches Essen – wenn sie nicht aus Polen importiert sind, taugen sie nichts." Die Deutschen nehmen die angeblich klauenden Polen aufs Korn: „Wann ist in Polen Weihnachten? Zwei Tage nach der deutschen Weihnacht." Manche der Witze seien recht grob, aber selten richtig fies, sagt Seignovert.

So spotten die Esten über die oft sehr introvertierten Finnen: „Woran erkennt man einen total extrovertierten Finnen? Wenn er auf deine Schuhe starrt und nicht auf seine." Die Belgier leiden unter dem Vorurteil, nicht sehr helle zu sein: „Was tun belgische Mütter, wenn das Badewasser für das Kind zu heiß ist? Sie ziehen Handschuhe an." Die Ukrainer lästern über reiche, aber nicht sehr intelligente Russen: „Ich habe gerade einen Schlips für 3000 Euro gekauft", sagt ein Russe. „Du Idiot", sagt sein Freund, „in dem Laden dahinten hättest du ihn für 5000 Euro bekommen!" Die Dänen sagen über die Schweden: „Was ist das Beste, was je aus Schweden zu uns kam? Eine leere Fähre." Vielleicht ist ja Europa wirklich noch nicht am Ende.

Hier ist besetzt!

Von einer Ausstellung, die unter dem Etikett „Besetzt!" firmiert, könnte man erwarten, dass sie vielleicht das Elend von Millionen Bundesbürgern, die sich stundenlang bemühen, das Callcenter ihrer Telefongesellschaft zu erreichen, zum Thema hat. Tatsächlich befasst sich die Ausstellung mit menschlichen Verdauungsvorgängen.

Schauplatz ist der Vorplatz des Museums Strom und Leben in Recklinghausen. Dort hat die Emschergenossenschaft, die sich um Wasserwirtschaft kümmert, 20 Klokabinen individuell gestaltet. Die an den Innenwänden angebrachte Sprüchesammlung wird inzwischen gern von Besuchern um eigene Weisheiten bereichert. Man denke nur an die legendäre Kasernenklo-Inschrift: „Im Moment bist du der einzige Angehörige der Bundeswehr, der weiß, was er tut."

Berühmt sind die Wasserklosetts der alten Römer; eine architektonische Kunstfertigkeit, die im Mittelalter leider verloren ging. Dann hieß es: „Wenn der

Knecht zum Waldrand hetzt, ist das Plumpsklo schon besetzt." Und der reputierliche Fluss Emscher, so lassen die Veranstalter der Ausstellung anschaulich wissen, sei über lange Zeit „der Dickdarm der Region" gewesen.

Das Thema Notdurft ist anrüchig, doch dankenswerterweise hat die 2001 gegründete Welttoilettenorganisation den „Welttoilettentag" ins Leben gerufen. Es ist der 19. November, wenn Sie sich das schon mal für eine besinnliche Feier notieren wollen. Heute verfügen wir luxuriös über Flach- und Tiefspüler, und es gibt sogar schon öffentliche WCs aus „intelligentem Glas", das erst bei Betreten der Kabine durch elektrische Spannung undurchsichtig wird. Und bei Stromausfällen vermutlich für jede Menge Unterhaltung sorgt.

Doch diesbezügliche Pannen gibt es überall. Neulich fand ein Priester einen Betrunkenen im Beichtstuhl vor, und als er ihn streng durch das Gitter musterte, lallte der Mann: „Brauchst gar nicht erst zu fragen – hier ist auch kein Papier."

Seitensprung mit Neandertaler

Was hat man ihm früher nicht alles Uncharmantes nachgesagt, dem Neandertaler! Er sei so strunzdämlich gewesen, dass ihn selbst die Witze von Mario Barth überfordert hätten. Krummbeinig und bucklig sei er aus seiner Wohnhöhle geschlurft. Von wegen! Die Paläontologen hatten vor 100 Jahren bloß die gefundenen Skelette falsch zusammengesetzt. Fehlerhaft montiert würde auch George Clooney nicht mehr ganz so souverän daherkommen.

Den frühen Forschern fehlte eben noch jene kreative Praxis, die wir heutzutage beim Zusammenbau von Ikea-Schrankwänden erwerben. Inzwischen wissen wir, dass Vetter Neandertaler gar nicht so doof war. Dass er, in einen Brioni-Anzug und eine RTL-Talkshow gesteckt, auch heute noch eine gute Figur abgeben würde und sprachlich mit manchem Fußballer mithalten könnte. Eine gute Meinung von ihm hatten damals wohl auch etliche Homo-sapiens-Mädels, die vom muskelstrotzenden Urzeit-Schwarzenegger ganz animalisch entflammt wurden und sich ihm auf das Zutraulichste näherten. Aufgrund hitziger Höhlenaffären enthält unsere DNA, wie der Max-Planck-Forscher Svante Pääbo ermittelt hat, durchschnittlich ein bis drei Prozent Neandertaler-Gene. Bei dem einen Mitbürger schlagen sie weniger durch, beim anderen stärker.

Wie das Fachmagazin *Nature* berichtet, hat man aber die Knochen eines rund 40 000 Jahre alten Höhlenmenschen aus Rumänien gefunden, die bis zu neun Prozent Neandertaler-Gene enthalten. „Wir haben sie fast in flagranti erwischt", schwärmt Pääbo. Mancher moderne Seitenspringer hätte es auch gern, dass man ihm erst 40 000 Jahre später auf die Schliche kommt. Ob es in diesem Fall nur ein One-Night-Stand war oder am Ende gar zu einer Mischehe gereicht hat, wissen wir nicht. Der Grund, warum sich diese Verbindungen letzlich nicht dauerhaft bewährt haben, liegt jedenfalls auf der Hand: Den Homo-sapiens-Männern grauste es bei dem Gedanken, eine Schwiegermutter zu bekommen, die robust genug gebaut ist, um es mit einem Säbelzahntiger aufzunehmen.

... und sage niemals Dschia!

Fortschreitendes Alter bringt gewisse physische Nachteile mit sich, erweitert aber auch die Palette der Gedenktage. Was sollen unsere Kinder schon groß feiern – acht Jahre iPhone? Aber auf was kann ein älterer Mensch nicht alles zurückblicken!

Nehmen wir zum Beispiel 60 Jahre Karmann Ghia (für die jüngere Generation: Es handelt sich dabei nicht um einen Mittelstürmer von Lazio Rom, sondern um eine Art Auto, dessen Name Gia ausgesprochen wird und niemals Dschia). Wie die erste Liebe, so vergisst ein Mann auch sein erstes Fahrzeug nicht. Und in meinem Fall war dies eben ein Karmann Ghia. Meinen verzweifelten Vater hatte der Umstand, dass die Schule irgendwie keine zentrale Rolle in meinem Schülerleben zu spielen schien, zu der unvorsichtigen Bemerkung getrieben, er könne sich vorstellen, mir ein schickes sportliches Auto zu schenken, sollte ich wider Erwarten je das Abitur ablegen. Irgendwie gelang dies schließlich doch noch. Meine Mutter bekam daraufhin ein schickes sportliches Auto. Und ich ihren alten Karmann Ghia.

Das pausbackige Ding auf Käfer-Basis sah aus wie ein Porsche nach der Kochwäsche, hatte aber Charakter. Und mit seinen 44 PS – der Hubraum entsprach einer großen Sprudelflasche – war ich auch schon etwas schneller unterwegs als mit dem Fahrrad. Der Karmann hatte einen sportlichen Look, verhielt sich aber zu einem echten Sportwagen wie ein Kuhfladen zu einer Pizza. Das Verhältnis zur Straße war recht intensiv, da man fast direkt auf dem Asphalt saß und mit jeder Unebenheit auf das Intimste vertraut gemacht wurde. Längere Strecken machten eine anschließende physiotherapeutische Behandlung nötig.

Doch irgendwann gewann ich diese Gehhilfe lieb, und nachdem ich einmal notgedrungen 14 Katzen in dem doch sehr überschaubaren Fahrgastraum transportieren musste, war ich fürs Leben gehärtet und der Wagen hatte meinen Respekt erworben. Am Ende seines Auto-Lebens erreichte mein Karmann dann doch noch eine ordentliche Geschwindigkeit.

Als er abgeschleppt wurde.

Mit Handy zu Hamlet

Die irische Spottdrossel Oscar Wilde meinte einmal nach einem Theaterbesuch, das Stück sei eigentlich ganz gut gewesen, aber das Publikum sei durchgefallen. An diesem grundlegenden Problem hat sich seit den Zeiten des viktorianischen Englands wenig geändert. Mit einem Unterschied: Zogen sich die Besucher damals wenigstens noch elegant an, so gehen heute manche in einem Aufzug ins Theater, in dem ein von Traditionen Geprägter nicht in Bielefeld tot über einem Bauzaun hängen möchte. Etikette ist für viele heute das, was auf einer Banane klebt.

Wer auf die Frage „Möchten Sie ein Opernglas?" entgegnet, „Das ist nett, aber ich trinke aus der Flasche", stellt eine gewisse Kulturferne unter Beweis. Und an mancher Theaterkasse kann es auf die wohlgemeinte Frage „Sollen die Karten für Tristan und Isolde sein?" die Antwort geben: „Nein, für meine Frau und mich."

Am New Yorker Broadway hat man neben den in gewohnter Weise hustenden und papierknisternden

Zuschauern (wer Schnupfen hat, geht zum Arzt, wer hustet, ins Theater) und einigen Vollpfosten, die Sushi oder dampfende Pommes in ihrer Sitzreihe verzehrten, nun die IT-affine Nachfolgegeneration fürchten gelernt, die simst, twittert oder gar telefoniert. Da bimmelt und quiekt es im Parkett wie auf einer Mobilfunkmesse. Kürzlich kletterte ein Jugendlicher, dessen überbeanspruchtes Handy gnädigerweise den Geist aufgegeben hatte, gar auf die Bühne, um das Gerät dort aufladen zu wollen. Allerdings war die Steckdose nur eine Requisite. Aus reiner Verzweiflung hat der Broadway-Produzent Ken Davenport für das Stück „Godspell" in den hinteren Reihen „Tweet Seats" installiert, damit die Zuschauer dort aus Leibeskräften twittern konnten. Den Anspruch, sich im Theater gut zu unterhalten, nehmen viele Menschen heute nur allzu wörtlich.

Das Quäntchen Wahrheit in dem alten Kritikerwitz, das Stück sei unter äußerst ungünstigen Umständen aufgeführt worden – der Vorhang war offen –, gilt eben manchmal auch aus der Perspektive der Schauspieler.

Unterhopft zur Gammelfleischparty

Beim Gammelfleisch ist bekanntlich alles im grünen Bereich. In gewissem Sinne ist es sogar ein Jungbrunnen: Wer davon isst, wird nicht alt. Jedenfalls haftet dem Wort „Gammelfleischparty" wenig Lebensfrohes an. Doch tatsächlich bezeichnet das morbide Etikett eine beliebige Feierlichkeit von Menschen über 30 Jahren, unabhängig vom Alter des Grillgutes. Es ist das „Jugendwort des Jahres". Ermittelt von einer Jury im Auftrag des Langenscheidt-Verlags. Der stellt kluge gelbe Bücher her. Wer jetzt sagt, die kenn ich doch, diese Telefonbücher, wird im PISA-Ranking gleich ganz unten einsortiert. Langenscheidt stellt nämlich Sprachführer her, hat die Initiative „Jugendwort des Jahres" gestartet, und die Jury hat 25 000 Votierungen im Internet ausgewertet.

„Gammelfleisch" hat gewonnen, weil es einen so entzückenden Ekelfaktor hat. Aber auf den Plätzen fand sich auch noch Putziges. Zum Beispiel die „Bildschirmbräune", die den quarkigen Teint eines Computerfreaks auszeichnet. Das sind Leute, die fragen: „Was ISDN hier los?"

Den dritten Platz belegte der Begriff „unterhopft". Hierbei geht es nicht um eine Unterart des Wiedehopfs *(Upupa epops)* aus der Ordnung der Hopfartigen, sondern um einen Menschen, der zu viel Blut im Alkohol hat.

Womit wir beim vierten Platz der Wort-Wahl wären: dem „Daten-Zäpfchen". Hierbei geht es weniger um anale Medikation, sondern um den USB-Stick. Das reputierliche Speicher-Teil wird manchen Computern in der Tat rückseitig eingeführt, ein Verfahren, das für den Menschen in diesem Fall allerdings recht wenig Vorteile bereithält.

Kommen wir zum fünften Platz, der „Stockente". Der beliebte Wasservogel ist hier verbaler Pate für einen Vierbeiner – den Nordic Walker. Es geht um die einzige Sportart, bei der man schon vor einem Unfall an Stöcken geht. (Bei Frauen heißt es Nordic Talker.) Manche wagen sich sogar an die härteste Version: Laufen ganz ohne Stöcke.

Wie man einer Frau ein Kompliment macht

Leider ist nicht jeder Mann von der Natur mit der Strahlkraft eines George Clooney begünstigt worden. Manche Frau trägt nie ihre Brille, wenn sie mit ihrem Mann ausgeht. Er findet sie so attraktiver. Und sie ihn auch.

Fast der Hälfte der Männer ist ihr Aussehen übrigens im Alter egal. Doch wenn die liebe Gattin eines Tages sagt: „Schatz – wo ich dich sehe, fällt mir ein, dass ich noch den Müll runtertragen muss", dann ist es höchste Zeit für ein Umdenken. Raffinierte Frauen wissen, wie sie ihren trägen Mann dazu bringen, Sit-ups zu machen: Sie stecken ihm die Fernseh-Fernbedienung zwischen die Zehen. Lassen Sie es in puncto Leibesumfang gar nicht erst so weit kommen, dass Sie eines Tages Blutgruppe Nutella und eine eigene Postleitzahl haben.

Wenn sich ein Mann im Restaurant umsieht und dann zu seiner Frau sagt: „Guck mal, es ist doch erstaunlich – oft heiraten die schönsten Frauen die hässlichsten Idioten", dann freut sich Frau über das schöne Kompliment.

Den Frauen ist es überhaupt nicht egal, wie sie im Alter aussehen; nur eine Minderheit teilt die oben erwähnte Ansicht der Männer. Das sind dann jene Frauen, die sich im Spiegel betrachten und hochzufrieden zischen: „Das gönne ich ihm!" Doch viele Frauen fühlen sich eher vom Schönheitsideal ewiger Jugend unter Druck gesetzt. Dagegen bereitet der Schönheitsdruck gerade nur sehr wenigen Männern Sorgen.

Der amerikanische Wissenschaftsautor Bill Bryson hält aber auch für die äußerlich Benachteiligten Trost bereit. Mancher habe ein Gesicht, so meinte Bryson, das einen daran erinnere, „wie viel Humor Gott doch hat".

Die Sachsen müssen einen Zahn zulegen

Der Luxus eines mehr oder minder vollständigen Gebisses ist in der westlichen Zivilisation ein eher jüngeres Phänomen. Viele große Gestalten der Geschichte, wie etwa der französische Sonnenkönig Ludwig XIV., nannten kaum einen Zahn ihr eigen. Im vorliegenden Fall sogar tatsächlich keinen einzigen, dies lag allerdings an Ludwigs Leibarzt Antoine d'Aquin, der Zähnen gegenüber prinzipiell Vorurteile hegte und die königlichen allesamt ohne Betäubung herausriss – mitsamt dem Gaumen und unter mehrfachem Bruch des Kiefers. Ein dentalmedizinisches Ergebnis, das heute von Patienten nicht mehr gern gesehen wird.

US-Präsident George Washington – der mit der Hauptstadt – besaß immerhin einen einzigen Zahn und vertraute kautechnisch auf die Leistungsfähigkeit eines Gebisses aus dem Stoßzahn eines Flusspferdes. Doch auch im 21. Jahrhundert gibt es Katastrophengebiete zwischen Ober- und Unterkiefer.

Mehr als ein Viertel der Bürger im Osten Deutschlands hat häufiger Zahnlücken. Besonders viel Mut zur Lücke haben nach neuen Erhebungen die Sachsen.

„Sachsen! Sachsen! Ey, ey – das ist starker Tobak!", ließe sich Dichterfürst Goethe zitieren, der in Leipzig studierte. Und übrigens in späteren Lebensjahren nur acht hochkariöse Restzähne besaß, die ihn furchtbar quälten. Dass die spezielle sächsische Mundart auf fehlende Zähne zurückzuführen ist, ist aber eine bösartige Unterstellung. Wer einen Sachsen fragt, ob er Pflaumen gerne isst, kann zur Antwort bekommen: „Nee, die Gerne schbugg ich aus. Ich äsСе nur die Flaum." Aber Obacht: Die Sachsen sind bekannt dafür, dass sie sich auch ohne einen kompletten Satz Kauwerkzeuge durchbeißen können. Nach der Wiedervereinigung warnte der frühere Präsident des Bundeskartellamts, Wolfgang Kartte: „Wir müssen aufpassen, sonst fressen uns die Sachsen in fünf Jahren kalt zum Frühstück!"

Nessies schwedischer Kumpel

Im November 1933 gelang Hugh Gray am Gestade des schottischen Loch Ness eine ziemlich unscharfe Fotografie – angeblich des allseits beliebten Ungeheuers. Die aufbrandende Euphorie legte sich aber ein wenig, als man auf dem Bild einen Labrador mit apportiertem Stock erkannte. Sichtungen von Nessie hat es immer wieder gegeben – in der Regel nach etwa fünf Single Highland Whiskys. Die Schotten lieben Nessie eben – keine Staus, keine Hektik, kein anderes Tier.

Schweden, dieses andere wunderschöne Reiseland, wo es ebenfalls an vielen Sommerwochenenden satte 30 Grad wird – fünfzehn am Sonnabend und fünfzehn am Sonntag –, scheint jedenfalls gegenüber so dubioser Kryptozoologie immun zu sein. Der ländliche Schwede ist schließlich ein nüchterner Mensch und steht immer um 5 Uhr morgens auf – egal, wie spät es ist.

Und doch hat er sein eigenes Monster: Es soll im abgrundtiefen Storsjösee in Jämtland leben und wurde erstmals 1635 schriftlich durch Pfarrer Mogens Pedersen erwähnt. Der wackere Gottesmann hörte von zwei Trollen, die angeregt über das Viech geplaudert hätten. Also muss es stimmen. Und bislang sind immerhin 500 Augenzeugen aktenkundig.

Wie vertrauliche britische Regierungsdokumente aus der Thatcher-Ära, die überraschend freigegeben wurden, zeigen, hat es gar auf höchster Ebene britisch-schwedische Beratungen über beide Monster gegeben. Schwedens Außenamt wandte sich 1985 hilfesuchend an die schottische Regierung mit der Frage, wie man das „Storsjöodjuret", das Untier vom See, vor Nachstellung schützen könne.

Die einschlägig erfahrenen Schotten verwiesen in einer Reihe von Memos zwischen Edinburgh und Stockholm darauf, dass Nessie seit 1981 per Gesetz gegen jeden Versuch, es per Schusswaffe, Fallen oder Sprengstoff zu erledigen, streng geschützt sei. Resultat: 1986 wurde Nessies schwedischer Kumpel von der jämtländischen Provinzregierung unter Schutz gestellt. Bismarck sagte mal, Gesetze seien wie Würstchen – es sei besser, man sehe gar nicht, wie sie entstehen.

Vom Jungfrauen-Retter zum Stiefel-Füller

Jedes Jahr um dieselbe Zeit dieselbe albtraumhafte Vision: Ein fülliger Geselle mit wirrem Bart bricht am frühen 6. Dezember jäh aus dem Unterholz, ein Instrument aus dem SM-Bereich in der Faust, klobige Stiefel an den Füßen und einen groben Jutebeutel auf dem Rücken – und nähert sich mit beängstigender Zielstrebigkeit Ihren Kindern. Und Sie dürfen nicht einmal das Sondereinsatzkommando der Polizei holen, denn der Unhold ist – der liebe Nikolaus.

Doch so ganz trauen kann man dem wunderlichen Alten im roten Mantel trotzdem nicht: Schließlich ist er Schutzpatron der Diebe und der Rechtsanwälte. Wenn er dann noch ein Händchen frei hat, beschützt er auch die Jungfrauen. Aber das ist hierzulande meistens nur ein Kurzzeitjob.

Genau wie der Hartbranntwichtel, vulgo Gartenzwerg, stammt auch der Nikolaus ursprünglich aus der Türkei. Sein leibliches Vorbild war der Bischof von Myra, der um 350 nach Christus starb und allerlei

Wunder bewirkt haben soll. So warf er einst bei einem verarmten Edelmann drei Goldklumpen durch das Fenster. Das klamme Blaublut schickte sich nämlich gerade an, seine drei liebreizenden Töchter zugunsten der Haushaltskasse auf den Strich zu schicken, als das Gold genau in den Strümpfen der Mädels auf der Wäscheleine landete. Damit war die bedenkliche berufliche Karriere der jungen Damen noch einmal abgewendet. Und Kinder in vielen Ländern hängen seitdem Socken auf oder stellen Schuhe hin, damit auch was Gutes hineinfällt und sie später einen Beruf außerhalb des Rotlichtmilieus ergreifen können.

Millionen Kinder auf der Welt glauben, daß der Nikolaus auf Grönland wohnt. Das ist diese größte Insel der Welt, wo Orte Ittoqqortoonuiit heißen, wo klirrende Kälte im Winter und Milliarden Mücken im Sommer für ein heimeliges Wohnklima sorgen. Wer so abseitig wohnt, braucht schon fliegende Rentiere, um rechtzeitig in Karlsruhe oder Karlskrona Kinderschuhe füllen zu können. Und da der Rotrock mit der Zeit geht, hat er natürlich eine eigene Website: www.santa.gl.

Übrigens: In Japan ist der Nikolaus weiblich, trägt Stiefel und Minirock zu langer Mähne und sieht rattenscharf aus. Deshalb ist Japan das einzige Land, wo auch die etwas größeren Jungs bei seinem Anblick leuchtende Augen bekommen.

Die transatlantische Sandwich-Krise

Sicher haben Sie das Wort Eponym heute schon mehrfach benutzt. Doch falls Ihnen die Bedeutung gerade entfallen sein sollte: Ein Eponym ist eine Bezeichnung, die auf eine historische Person zurückgeht. Wie Celsius, Dobermann oder die Guillotine. Oder wie Sandwich. Sie wissen schon: Das sind Weißbrotscheiben, zwischen die alles gepappt werden kann, was der Kühlschrank hergibt. In den USA kann ein Sandwich turmhoch aufragen und einen unvorsichtigen Esser unter sich begraben.

Die englischen Anfänge waren kulinarisch bedeutend schlichter: zwei Scheiben Brot, ein Stück Pökelfleisch. Das orderte im 18. Jahrhundert John Montagu, 4. Earl of Sandwich und Marinechef – weil er zu faul war, vom Spieltisch zum Dinner aufzustehen. „Ich will auch so was wie Sandwich", maulten daraufhin die Mitzocker – und die Edel-Klappstulle war geboren. Der kühne Seefahrer James Cook war davon so beeindruckt, dass er sofort in die Welt hinausfuhr und eine ganze Inselgruppe danach benannte. Die heutige Familie Sandwich, angeführt vom 11. Earl, hält die Tradition hoch und verkauft jedes Jahr zahllose Weißbrote.

Doch die Sandwichs befinden sich, wie einst der 4. Earl, in einem bitteren Konflikt mit den ehemaligen Kolonisten aus den USA. Der Amerikaner Brian Clifford, Inhaber des „Earl of Sandwich"-Hotels bei Cape Cod, besaß nämlich die Unbotmäßigkeit, seinen US-Laden mit der Internetadresse earlofsandwich.com zu versehen. Von wegen „Rule Britannia!".

Der Earl grollte, da könne man ja genauso gut den Namen Elvis Presley beanspruchen. (Obwohl der am Ende nur so aussah, als hätte er das Sandwich erfunden.) Und Clifford keilte zurück, noch immer versuchten englische Aristokraten, „uns unter ihren Daumen zu zwingen". Er kämpfe für den Stolz der Amerikaner. Wer behauptet da noch, Geschichte wiederhole sich nicht. Und wir sind dabei!

Hemd nie am Körper bügeln!

Vor etlichen Jahren wurde eine Amerikanerin reich, indem sie sich Kaffee über den Schoß goss. Eine bekannte Bratklops-Kette zahlte zähneknirschend fast eine halbe Million Dollar Entschädigung für den eigentlich erfreulichen Umstand, dass sie ihren Kaffee heiß zu reichen pflegt. Dieses bizarre Urteil wurde nur noch dadurch übertroffen, dass eine andere Frau Schadenersatz erstritt, weil ihre Katze das Trocknen in der Mikrowelle nicht überstand. Diese Richtersprüche erregten nicht nur den Neid zahlloser Bürger, die auf viel konventionellere Weise viel weniger Geld verdienen, sondern sorgte auch für eine Flut kurioser Warnhinweise. Nun erwecken diese gelegentlich den Eindruck, US-Verbraucher besäßen den IQ von rohen Klößen. Tatsächlich steckt dahinter die Angst der Industrie – inzwischen auch der deutschen – vor unziemlichen Regressforderungen. So sorgte sich ein Bügeleisen-Hersteller vor der Rache dumpfer Brandverletzter und pappte das Schildchen drauf: „Bügeln Sie nicht Ihre Kleidung, während Sie sie tragen!" Wohl aus Furcht vor dentalen Katastrophen empfahl die US-Firma Swann für ihre Tiefkühl-Lebensmittel: „Vor dem Genuss auftauen." Auch der Pharmahersteller Glaxo sah sich zu ungeschminkter Produkt-Wahrheit gezwungen, als er sein Schlafmittel Nytol mit der Mahnung versah: „Das könnte Sie schläfrig machen." Und vielleicht gab es ja Fluggäste von American Airlines, die sich über den schauderhaften Geschmack ihres Erdnuss-Snacks wunderten, bis sie aufgeklärt wurden: „Erst Packung öffnen, dann essen."

Apropos Fliegen. Auf einem Superman-Kostüm fand sich der nützliche Hinweis: „Das Tragen dieses Kleidungsstücks ermöglicht nicht das Fliegen." Verbindet sich dann noch unvollendete Sprachkunst des Übersetzers mit dem Warn-Wahnsinn, ist des Verbrauchers Glück vollkommen. So warnte ein koreanischer Fabrikant von Küchenmessern: „Aus Kindern heraushalten."

O Gurkenbaum!

Der profanen Gurke *(Cucumis sativus)*, bekannt aus Salat und Sandwiches, haftet gemeinhin wenig Weihnachtliches an. Dabei kann das reputierliche und kalorienarme Kürbisgewächs, das in Form einer sauren Gurke auch gern mal als Wanderpreis für frauenfeindliche Beiträge im Fernsehen vergeben wird, auf eine steile Karriere als Christbaumschmuck zurückblicken. Jedenfalls in Amerika, wo man ohnehin so manches anders handhabt.

Und wohl als Erklärung für den gewöhnungsbedürftigen Brauch, ihre festliche Tanne mit Sättigungsbeilagen zu versehen, behaupten unsere US-Freunde, es handle sich im Grunde um eine alte deutsche Sitte. Allerdings ist hierzulande kaum ein Freund adventlicher Traditionen mit dem „German Christmas Pickle" vertraut. Dabei handelt es sich nicht um eine Hautunreinheit, sondern um eine saure Gurke, die in originaler oder gläserner Form tief in die Zweige gehängt wird. Der Überlieferung nach winkt dem scharfäugigen Kind, das die Gurke dort erspäht, neben einem Extrapräsent auch ein glückliches Jahr. O Gurkenbaum!

Inzwischen gibt es ganze Industriezweige, die Amerika mit festlichen Gurken versehen. Erzählt wird die Legende des braven Deutschen Hans Lauer, der im amerikanischen Bürgerkrieg kämpfte und in Gefangenschaft geriet. Dem Tode nahe bat er die Wärter um eine Weihnachtsgurke. Sie war ihm Trost und gab ihm die Kraft weiterzuleben. Und als Erinnerung an seine harte Zeit bei der Gurken-Truppe hängte er sie forthin dankbar jedes Jahr in den Weihnachtsbaum.

Eine rührende Geschichte. Und wer nun an der geistigen Frische eines Mannes zweifelt, der sich in seiner vermeintlich letzten Stunde an einer sauren Gurke aufrichtet, sollte sich was schämen.

Goethe statt Hip-Hop?

Der griechische Dichter Euripides murrte vor mehr als 2000 Jahren, wer in der Jugend die Musen vernachlässige, der habe die Vergangenheit verloren und sei für die Zukunft tot. Worte wie saurer Regen, aber Euripides war ohnehin ein alter Griesgram und schrieb nur Tragödien. Darin wird furchtbar viel geredet, und am Ende sind fast alle tot.

Doch sei's drum, auch viele Lehrer fordern heute euripidesmäßig, die Kinder sollten wieder mehr klassische Gedichte lesen, als sich mit Computerspielen und dem Glitzerleben von Hip-Hop-Sängern zu befassen. Das seien doch alles Nichtigkeiten und falsche Vorbilder.

Mag ja sein, aber wie ist es denn inhaltlich um die klassische deutsche Dichtung bestellt? Nehmen wir uns gleich Altmeister Johann Wolfgang von Goethe und sein „Heideröslein" vor. Darin erfahren wir die nervenzerfetzende Geschichte eines Knaben, der eine Blume abrupft. Als sei das noch nicht peinlich banal genug, ist der Junge auch noch etwas unterbelichtet. Denn er grapscht voll in die Dornen, obwohl das überraschenderweise sprachkundige Gewächs ihn auch noch ausdrücklich vor der piekenden Gefahr gewarnt hatte. Seit Goethes Zeiten sind die Rosen dieser anstelligen verbalen Fähigkeiten leider irgendwie verlustig gegangen. Vielleicht konnten die Züchter das ewige Gequatsche nicht mehr ertragen, wenn da mal 500 Rosen im Gewächshaus zusammenstehen.

Oder betrachten wir des Meisters Werk „Der Fischer": Da sitzt ein tumber Angler am Wasser und lässt sich von einem „feuchten Weib" aufbinden, unten auf dem Grund sei es ganz toll. Der Tropf starrt nur auf ihre Blöße, schaltet den unterdimensionierten Verstand nun ganz ab und lässt sich bereitwillig von ihr in die Tiefe ziehen. Das war es dann für ihn.

In Friedrich von Schillers „Der Pilgrim" verschleudert ein junger Nichtsnutz sein Erbe und rennt kopflos von zu Haus weg. Am Meer angekommen, weiß er nicht mehr recht weiter und zieht larmoyant die hochintelligente Bilanz: „Und das Dort ist niemals hier". Tja, das muss einem erst mal einfallen.

In Eichendorffs „Das zerbrochene Ringlein" wird ein naiver Jüngling von einer Müllerin betrogen und verlassen. Anstatt sich mannhaft am Riemen zu reißen oder wenigstens auf ein Bier in den Dorfkrug zu gehen, greint er: „Ich möcht' am liebsten sterben. Da wär's auf einmal still". Das wohl, hilft aber auch nicht weiter.

Wir haben es in der klassischen Dichtung also häufig mit lebensuntüchtigen Trotteln zu tun. Es empfiehlt sich, sorgfältig hinzuschauen, bevor wir Ratschläge an unsere Jugend, ein beispielhaftes Verhalten betreffend, aus den Klassikern ableiten.

Zwangsasket Marvin bei den Royals

Der jüngste Familienzuwachs im britischen Königshaus wies rotblonde Haare auf – was bei den Windsors nicht groß überrascht –, dazu aber bedenklich vorstehende Zähne; ein Umstand, der durchaus geeignet ist, ein Leben im grellen Licht der britischen Medien zu trüben.

Der Neuzugang firmiert unter „Marvin", ein Name, dem – ähnlich wie im Fall Kevin – hierzulande mit allerlei Vorurteilen begegnet wird, der in London aber offenbar noch ausreichendes Ansehen für eine gehobene Position am Königshof aufweist. Der junge Marvin darf seine Tage zwar mit den royalen Kate-Kindern George und Charlotte verbringen, steht aber, anders als diese, in der Thronfolge hoffnungslos weit hinten. Marvin stammt aus der Familie der Wühler und kann sich mit dem klangvollen Namen *Mesocricetus auratus* schmücken – zu Deutsch Goldhamster. Das possierliche Tier gilt bekanntlich als Symbol des Arbeitnehmers; es rackert sich sein Leben lang in seinem Rad ab, ohne je voranzukommen. Marvin ist im Zuge eines Hamsterkaufs Teil des königlichen Haushalts geworden. Es handelt sich um einen anderen Hamsterkauf als jenen, den uns die Bundesregierung für den Fall größerer Katastrophen ans Herz legt.

Das Herkunftsgebiet des Goldhamsters liegt übrigens in der Grenzregion zwischen Syrien und der Türkei. Nicht jeder aus dieser Weltregion schafft es derzeit, Bleiberecht in einem noblen Anwesen wie Anmer Hall in Norfolk zu erwerben, wo Kate und Prinz William residieren. Marvin hat sich jedoch, wie die Herzogin von Cambridge mitzuteilen geneigt war, dadurch rasch unentbehrlich gemacht, dass er Prinzessin Charlotte auf das Entzückendste mit seinen Schnurrhaaren zu kitzeln versteht.

Die weniger vom Schicksal begünstigten deutschen Verwandten residieren dagegen in kargen Wohnhöhlen. Anders als Marvin haben Feldhamster wenig Kontakt zu Prinzessinnen, dafür aber jede Menge Feinde – Füchse, Wiesel, Bussarde und Mähdrescher. Ihre einzige Chance liegt in schwungvoller Vermehrung. In diesem Punkt hat Zwangsasket Marvin das Nachsehen: Während er einsam am royalen Rad dreht, geht es bei Feldhamsters zu wie im Big Brother-Container. Man kann eben nicht alles haben.

Wo die Frau den Pümpel schwingt

Unter Gleichberechtigung verstehen viele Männer, dass sie eine Freundin haben dürfen, weil ihre Frauen ja schließlich auch welche haben. Im ewigen Kampf der Geschlechter, den der Homo sapiens nunmehr seit fast 200 000 Jahren mit wechselndem Schlachtenglück führt, gibt es noch immer einige Nischen, in denen sich der männliche Teil exklusiv verschanzt hat. Doch auch diese Festungen werden zunehmend von der Weiblichkeit geschleift.

Nehmen wir den honorigen Beruf des Klempners. Er gilt als unentbehrliche – mannhafte – Kraft, die sich um allerlei Rohre, Ventile und Hähne und bei besonderem Bedarf auch mal um eine darbende Hausfrau kümmert. Im englischen Edenbridge jedoch öffnete ein Handwerker namens Steven Edwards seine „Klempner-Akademie" als einer der ersten auch für Frauen. Sie gehörten rasch zu den Besten, weiß der Rohrmeister zu berichten.

Damit gerät eines der bestgehüteten Geheimnisse der Bruderschaft handwerkender Männer in weibliche

Hände – der meisterhafte Umgang mit dem Pümpel. Jener handlichen Saugglocke zur Abflussreinigung, der die Männer zur sprachlichen Verwirrung der Frauen in regionalen Varianten unter anderem die eleganten Bezeichnungen Nupfer oder Gwumpn verliehen haben. Hartleibige Verteidiger des Klempnerberufs im Mannesstamm zischen arglistig: „Schwingt die Frau den Pümpel, wird das Haus zum Tümpel."

Doch es kommt noch schlimmer. Hatten sich die Männer wenigstens sicher gefühlt auf einem Gebiet, das geradezu voraussetzt, seine Gefühle zu verbergen oder am besten gar keine zu haben – dem Pokerspiel –, so fand inzwischen auch hier eine weibliche Invasion statt, längst gibt es Meisterschaften im Frauen-Poker. Im Gegenzug öffnete das Frauencollege St. Hilda's in Oxford, intern und nicht in jedem Einzelfall zutreffend „Virgin Megastore" genannt, nach 113 Jahren seine Pforten auch für junge Männer. Das heißt für jene Jungs, die es auf sich nehmen wollen, sich ebenfalls mit dem traditionellen Namen der dortigen Studentinnen schmücken zu lassen: Hilda-Biester.

Mit T-Rex zu
neuen Horizonten

Die Tätigkeit eines modernen Vaters bringt ungeahnte Erweiterungen des geistigen Horizontes mit sich. So werden im Handumdrehen profunde, an der harten Lebenspraxis orientierte Kenntnisse über die ganz unterschiedliche Saugfähigkeit diverser Windelmarken oder die textilschonendste Entfernung von Karottenbrei aus hochflorigen Teppichböden und rohseidenen Oberhemden erworben. Die gruppendynamischen Prozesse zwischen bedeutenden Akteuren wie Winnie Puh oder Benjamin Blümchen und ihren zahlreichen Freunden gehören heute ebenso zum väterlichen Pflichtrepertoire wie das dramatische Schicksal von Nemo, dem Clownfisch aus Hollywood.

Den besonders engagierten Vater erkennt man jedoch an seinem reichen paläontologischen Detailwissen. Wer im Golfclub, beim Bowling oder auch bei der Vernissage eines vielversprechenden kongolesischen Künstlers lässig in die Konversation zu streuen vermag: „Wussten Sie eigentlich, dass das häutige Rückensegel beim Apatosaurus der Temperaturregelung diente?", der hat unfehlbar die Bewunderung der Zuhörer gewonnen. Und zu Hause einen kleinen Sohn. Meiner pflegte mich in seinen frühen Jahren immer zu tadeln, wenn ich einen Quatzalcoatlus mit einem Pteranodon verwechselte. Hastig schlug ich dann in einem seiner zahllosen Dino-Bücher nach, um mich künftig nicht mehr zu blamieren. Übrigens: Beides waren flugfähige Urviecher von der Größe einer Cessna. Falls Sie gerade keinen Dreijährigen zu Hause haben. Ein Vogelbauer wäre jedenfalls im Mesozoikum recht teuer gekommen; da loben wir uns doch den kleinformatigen Sittich.

Die Dinos, obgleich doch eigentlich ausgestorben, sind in Kinderzimmern allgegenwärtig. Unseres sah damals aus wie ein Jurassic Park für Liliputaner. Wer es leichtsinnigerweise barfuß betrat, vermochte rasch die vorherrschende Lehrmeinung zu bestätigen, dass die Schwanzstacheln eines Stegosaurus jede bekannte Panzerung durchdringen konnten, auf jeden Fall die zarte Haut der Fußsohlen.

Die hartnäckig erhobene Forderung nach einem echten Saurier als Haustier konnte Papa listig mit dem Argument abwehren, dass im Falle eines Diplodokus auf dem Lokus dann das ganze Geld für Saurier-Streu draufgehen – und nichts mehr für Weihnachtsgeschenke übrig bleiben würde.

So ändern sich die Zeiten: Schwärmten Väter und Söhne vor langen Jahren glühend für Fredericus Rex, so ist es heute eben der Tyrannosaurus Rex.

Jumbos Krönung

Die äthiopische Bergregion Kaffa steht nicht allzu häufig im Blickpunkt der Weltöffentlichkeit. Dennoch ist sie in indirekter Form ständig im Gespräch, denn von ihrem Namen leitet sich das bekannte Wort Kaffee ab. Der gilt als anregend und überhaupt das Zwischenmenschliche fördernd. (Sie: „Glauben Sie ja nicht, dass Sie mich mit einer Tasse Kaffee erobern können!" Er: „Herr Ober – ein Kännchen!") Die meisten Menschen können bekanntlich nicht schlafen, wenn sie Kaffee trinken. Aber noch viel mehr Menschen können keinen Kaffee trinken, wenn sie schlafen.

Bei der Herstellung des Getränkes hat sich das Verfahren bewährt, dass man die Bohnen des Kaffee-Baumes erntet, röstet und mahlt. In einigen Teilen Asiens hat man jedoch noch einen weiteren Arbeitsgang dazwischengeschaltet. Man lässt die Bohnenfrüchte vom Fleckenmusang, einer Schleichkatze aus der Familie der Palmenroller – nicht verwandt mit dem Motorroller –, fressen. Wenn die Bohnen am anderen Ende des Tieres wieder erscheinen, werden sie von Hand gesammelt, was sicher eine schöne Aufgabe ist, und dann in üblicher Weise weiterverarbeitet.

Was den Bohnen im Darm des Tieres widerfährt, wollen wir nicht so genau wissen, das Stichwort Fermentation soll genügen. Der Geschmack des derart veredelten Getränkes wird als „fruchtig bis muffig" beschrieben. Der indonesischen „Katzenkaffee" Kopi Luwak, den es mit anderem Etikett auch auf den Philippinen gibt, hat interessante Varianten in Osttimor und Vietnam gefunden, bei denen das Gedärm von Füchsen und Wieseln eine große Rolle spielt. Ein Kilo Kopi Luwak ist für rund 300 Euro zu haben.

Da der Mensch aber in seiner Schöpfungskraft nicht rastet, war es nur eine Frage der Zeit, wann eine noch exklusivere Sorte auf dem Markt erscheinen würde. Es ist der „Black Ivory Coffee", den die Anantara-Hotelkette in Thailand anbietet. Die Bohnen werden hierbei vom Verdauungstrakt thailändischer Elefanten verarbeitet. Man sollte meinen, dass dabei erheblich mehr Kaffee anfällt als bei den kleinen Schleichkatzen und dass er folglich viel billiger ist.

Das Gegenteil ist der Fall: Der Elefantenkaffee kommt auf 800 Euro das Kilo. Jedenfalls ist auch hier wichtig, was hinten rauskommt.

Haarscharf ein Mann

Der Philosoph Artur Schopenhauer (1788–1860) war ein seltsamer Kauz, der die Nähe von Frauen mied und lieber Pudel als Diskussions- und Lebenspartner wählte. Von ihm stammt dennoch die knurrige Erkenntnis: Alles Behaarte ist tierisch, Rasur ist das Zeichen höherer Zivilisation. Diese Aussage gilt nicht unbedingt als Kern seines philosophischen Lebenswerkes, ist aber in doppelter Hinsicht bemerkenswert.

Erstens, weil Schopenhauer selber mit seinem Backenbart und dem wirr emporstrebenden Restschopf einer geplatzten Matratze tierisch ähnlich sah.

Und zweitens, weil dieser Ausspruch das Lebensmotto der großflächig blank geschorenen jungen Generation von heute sein könnte. Der Londoner *Daily Telegraph*, eher stark dem Traditionellen zuneigend, wähnt nach den schon lange rasierfreudigen Frauen auch die Männer im Krieg mit der eigenen Körperbehaarung. Und hat mit spürbarem Grausen ausgerechnet, dass bei Fortsetzung dieses nackten Trends der letzte behaarte Brite 2069 zu Grabe getragen werden würde.

Bereits 60 Prozent der 16- bis 24-Jährigen sorgen demnach für einen Kahlschlag zu Lasten von allem Wolligen südlich der Stirn. Dagegen lassen die meisten Älteren kein gutes Haar an dieser Mode.

In hellen Scharen unterziehen sich junge Männlein wie Weiblein der zuvor nur aus den Verliesen der Inquisition und gewissen dunklen SM-Etablissements bekannten Prozedur, von der Natur an strategischen Stellen platzierte Haare mithilfe von heißem Wachs herauszureißen. Ein Verfahren, das übrigens bei Männern mit dem unterbelichteten Etikett „boyzilian waxing" bezeichnet wird. Viel mehr schmerzen, als Dialogen im Dschungelcamp zuzuhören, kann es allerdings auch nicht.

Was Männer dazu treibt, partout wie eine rosige Schweinehälfte aussehen zu wollen, bleibt das Geheimnis der „haarlosen Helden". Nostalgiker verweisen trotzig auf echte Kerle wie Ur-James-Bond Sean Connery, der sich den Damen mit einem Brustfell ähnlich dem eines sardischen Hirtenhundes näherte. Und das mit Erfolg!

Sind Sie Paraskavekatria-Phobiker?

Als Bildungsbürger – schließlich lesen Sie gerade ein Buch – wissen Sie womöglich, was ein Paraskavekatria-Phobiker ist. Falls es Ihnen aber gerade entfallen sein sollte: Es handelt sich um eine krankhafte Angst vor Freitag, dem 13.

Manche von uns haben dessen düstere Kräfte bereits am eigenen Leib zu spüren bekommen. Das sind dann Tage, an denen man im strömenden Regen verzweifelt ruft: „Hallo Taxi!" und aus dem vorbeifahrenden Wagen ein fröhliches „Hallo Fußgänger!" hört.

Schon der Freitag allein ist im christlichen Kulturkreis übel beleumundet – von Diskothekenbesitzern einmal abgesehen. Immerhin wurde Jesus an einem Freitag gekreuzigt. Und Eva, die First Lady, griff angeblich an einem Freitag zum verbotenen Liebesapfel und brockte uns damit eine Menge Ärger ein. Und man denke nur an den berüchtigten Schwarzen Börsen-Freitag 1929, als so mancher zum Millionär wurde. Aber nur, wenn er vorher Multimillionär gewesen war.

Den Namen selber soll der Freitag entweder von Freya haben, der germanischen Göttin der Liebe. Oder von Frigg, der Göttin der Ehe. Beide werden allerdings oft miteinander gleichgesetzt; ein Umstand, der erstaunt, sind doch Ehe und Liebe beileibe nicht immer dasselbe.

Dann natürlich die Zahl 13: Fluglinien, Hotelzimmer, die Formel Eins, ICE-Züge, überall versucht man, sich um die vermeintliche Unglückszahl herumzudrücken. Die meisten Menschen sind allerdings nicht so abergläubisch, dass sie ein 13. Monatsgehalt verweigern würden.

Dabei stand die 13 in den Zeiten des Matriarchats, das die meisten der frühen Zivilisationen kennen, für pralle, glückliche Weiblichkeit. Das soll irgendwie mit Monatszyklen zu tun haben. Männer hatten damals noch recht wenig zu melden; wer wie der Schriftsteller Erich Maria Remarque weinselig gesäuselt hätte: „Schade, dass man Weiber nicht auf Flaschen ziehen kann", der wäre wohl irgendeiner lieben Göttin geopfert worden. Vermutlich an einem Freitag. Dem 13.

Der Yeti –
ein Problembär

Die Existenz des auch politisch auffällig gewordenen Klettermaxen Reinhold Messner darf als einigermaßen gesichert gelten. Ob dies allerdings auch für den von ihm gesichteten Yeti gilt, ist nach wie vor Gegenstand erhitzter Debatten. Mit dem Yeti verhält es sich ähnlich wie mit Gleichstellungsbeauftragten: Man hat gehört, dass es sie geben soll, aber kein Mensch weiß, was sie eigentlich so den ganzen Tag tun.

Auf der bekannten Strecke zwischen den Orten Qando und Nachu im Osten Tibets waren sich Messner und der Yeti 1986 gleich zweimal begegnet. Der Yeti hat darüber Stillschweigen bewahrt, Messner nicht. Er erklärte das mysteriöse Pelzwesen kurzerhand zum profanen Tibet-Bären; woraufhin weltweit zahllose Yeti-Fans ziemlich unfroh reagierten, denen die populäre Version vom legendenumwobenen Eismenschen ans Herz gewachsen ist.

Wissenschaftler der Universität Oxford haben 30 Haarproben untersucht, die von flüchtigen Sagengestalten wie eben dem Yeti, dem Bigfoot oder Sasquatch und dem Almasty stammen sollten. Es erwies sich als ernüchternd, dass das Genmaterial weitgehend ganz reputierlichen Säugern wie dem Schabrackentapir, Wolf, Kuh, Waschbär oder in einem Fall einem offenbar schwer unrasierten Menschen (Messner??) zugeordnet werden konnte.

Doch in zwei Fällen aus Indien ähnelte das Erbgut keinem lebenden Tier, sondern eher dem eines Eisbären aus dem Pleistozän. Der es allerdings vorgezogen hatte, bereits vor 40000 Jahren auszusterben. Yeti-Fans dürfen also weiter hoffen.

Die britischen Forscher betonten abschließend in Sachen Eismensch sogar, die Abwesenheit eines Beweises sei nicht der Beweis der Abwesenheit. Wie lange das Oxford-Team allein an diesem Satz gearbeitet hat, wurde nicht mitgeteilt. Er ist aber auf jeden Fall der Beweis dafür, dass es seit dem Pleistozän und seinen grunzenden Problembären erhebliche intellektuelle Fortschritte gegeben hat.

Alligator im Mund

Bei der Erschaffung der menschlichen Zahnausstattung zeigte sich die Evolution etwas unentschlossen. Zunächst bekommen wir 20 provisorische und nicht sehr leistungsfähige Beißer – die prompt ausfallen, um dann durch ein dentales Upgrading von 32 neuen ersetzt zu werden, die im Laufe der Zeit Löcher bekommen und schließlich auch Lücken hinterlassen.

Dieses Alterselend bietet fruchtbaren Boden für empörend respektlose Witze. Wie zum Beispiel die Frage, was Opas Zähne mit Fledermäusen gemeinsam haben. Beide kommen nachts raus. Oder: Welche Schlange hat keine Zähne? Die Schlange in der Altenheimkantine.

Apropos Reptilien. Die haben es in der Tat besser als wir. Alligatoren zum Bespiel haben nicht nur ein Luxusgebiss mit 80 Zähnen, diese wachsen auch immer wieder nach. Aber kein Neid: Die meisten Alligatorenzähne sind auch bei geschlossenem Maul gut sichtbar – ein Effekt, der bei Menschen nur einen sehr begrenzten Charme entfalten würde.

Dennoch sind Alligatorengebisse aus wissenschaftlicher Sicht das große Vorbild. US-Forscher der University of California haben den Zahnwechsel bei den Schuppentieren einmal detailliert untersucht. Resultat: Hinter jedem Zahn steht ein noch unreifer Ersatzzahn bereit, und dahinter wiederum eine Zahnleiste, aus der sich neue Reservezähne bilden. Das geht bis zu 50 mal so pro Zahn. Dieses Revolverprinzip würde auch dem Menschen gut anstehen, meinen Wissenschaftler und treiben ihre Forschungen zügig voran, um eines wohl noch fernen Tages neues Zahnwachstum auch bei adulten Zweibeinern anregen zu können.

Nun können Alligatoren allerdings nicht kauen wie unsereiner, sondern reißen Stücke aus ihrer Beute, die sie dann unter Wasser erst einmal schön mürbe werden lassen. Das verspricht uns bei reptiler Genzufuhr völlig neue Essgewohnheiten jenseits der traditionellen Knigge-Norm. Außerdem lassen sich Alligatoren das Gebiss gern von anstelligen Vögeln pflegen, die darin herummarschieren – für manchen Menschen sicher zunächst eine gewöhnungsbedürftige Prozedur.

Trotz kleiner Nebeneffekte können wir uns aber auf die dentale Reptilien-Zukunft freuen. Denn besser ein zweiter Frühling mit Revolvergebiss als dritte Zähne im Glas.

Drum prüfe, wer sich niedlich findet

Auf Island, jenem kargen Atlantik-Eiland, wo Jugendherbergen Farfuglaheimili heißen, hat man es trotz anerkannt hohen Lebensstandards nicht immer leicht. Geologisch kann sich die Insel schon mal nicht entscheiden, ob sie lieber auf der Nordamerikanischen oder der Eurasischen Kontinentalplatte liegen will – was den heimischen Vulkanen immer wieder Gelegenheit gibt, auf sich aufmerksam zu machen und mit ihrer Asche den Flugverkehr zu sabotieren. In Europa gibt es dann Flugverbote und entschieden mehr Autoverkehr. Motto: Asche zu Asche, Stau zu Stau.

Zudem pflegen die Isländer im Winter milchsauer eingelegte Hammelhoden, marinierten Walspeck und schwarz gesengte Schafsköpfe zu reichen; kulinarische Preziosen, die auf ihren Durchbruch auf dem europäischen Festland noch warten.

Island, wo die Menschen noch fest an Trolle und Feen glauben wie die Deutschen an spürbare Steuersenkungen, hat zudem strenge Sitten: Wenn etwa eines der ebenso beliebten wie kompakten Islandpferde mal kurz in einem anderen Land grasen war, darf es nie wieder zurück – wegen der genetischen Reinheit. Auch die Isländer selber halten es gern so. Seitdem sich die Wikinger, wohl ab dem siebten Jahrhundert, hierher zwischen Feuer und Eis verirrt haben, ist genetisch nicht mehr sehr viel hinzugekommen. Rund 320 000 Seelen zählt Island; und irgendwie sind alle miteinander verwandt. Manch wackerer Insulaner reagiert unfroh, wenn er den ganzen Abend lang ein Mädel angegraben hat, um dann zu erfahren, dass er es mal wieder mit einer bislang unbekannten Cousine zweiten Grades zu tun hat.

Die Biotechnologiefirma deCODE Genetics hat Abhilfe geschaffen. Vor erotischen Tätlichkeiten aktivieren Paarungswillige zwischen Hvammstangi und Djupivogur hoffnungsvoll eine App mit „Inzest-Alarm" in ihren Smartphones. Quiekt das Ding los – Finger weg! Die App, die teils auf 300 Jahre alten Familienarchiven, Kirchenbüchern und anderen Daten basiert, wird mit dem griffigen Slogan beworben: „Lasst Eure Smartphones aufeinandertreffen, bevor Ihr im Bett aufeinandertrefft."

Elvis lebt! Auf der Hutablage

Im Japan des 17. Jahrhunderts wollte ein hochrangiger Samurai den Tempel von Gotoku-Ji aufsuchen. Doch weil es in Strömen regnete, setzte er sich lieber erst einmal davor unter einen Baum. Eine Tempelkatze hob die Pfoten, als wollte sie ihm zuwinken. Gerührt lief der Samurai auf sie zu, und hinter ihm fuhr – potz Blitz! – eine gewaltige Entladung in den Baum. Der Edelmann blieb ungeschmort, und seitdem gilt die Winkekatze in Japan als Glückssymbol.

Weil also jemand vor 400 Jahren keinen Schimmer von den grundlegenden Verhaltensregeln bei Gewitter hatte, sitzen nun lauter Blechkatzen hinten in deutschen Autos und winken uns zu. Damen am Steuer seien gewarnt: Die Maneki-neko-Katzen sitzen in Asien traditionell in Bordellen herum, um Kundschaft zu kobern. Als Alternative zu dem Katzentier wackeln auch Hunde und selbst der verblichene Elvis auf der Hutablage. Auch hier spielt Symbolik mit: Als Wackeldackel bezeichnet man auch jene unter unseren lieben

Arbeitskollegen, die selbst noch die entbehrlichste Äußerung des Chefs mit enthusiastischem Kopfnicken begleiten.

Ein anderes schönes Mittel zum Upgraden des Autos ist die Holzkugel-Sitzauflage, die den Fahrer bei starkem Bremsen gern mal hinunter in den Fußraum schickt. Und jeder Gefängnisfriseur in Ausbildung kann mit einem Sitzbezug mit den bedeutungsschweren Buchstaben VIP Eindruck schinden.

Sogar der Fuchsschwanz ist wieder da, der einst mit dem Nierentisch aufs Altenteil gezogen war. In Ermangelung von Antennen baumelt er nun en miniature vom Autoschlüssel herab.

Dieses von niemandem außer von Füchsen gebrauchte Stück Fell ist übrigens ein altes Narrensymbol. Wer es demonstrativ bei sich trägt, tut im Grunde also kund: Hi! Ich bin dumm wie ein halber Meter Feldweg. Einige Manta-Fahrer wollten damals ganz vorn dabei sein und bestellten bei Opel eine verstärkte Antenne – damit ein ganzer Fuchs dranpasst. Ein Manta-Fahrer fuhr mal mit einem Papagei auf dem Armaturenbrett herum. Da fragt ihn jemand: Kann der sprechen? Sagt der Papagei: Naja. Geht so. Doll ist es nicht mit ihm.

Der Mamma gehen die Bambini aus

Ah! Italien! Der US-Autor Mark Twain, der ja viel herumgekommen ist, meinte einmal, der Schöpfer habe Italien nach Entwürfen von Michelangelo geschaffen. Und der deutsche Dichterfürst Schiller jauchzte, in den welschen Landen umgebe ihn der „Schönheit Glanzgewimmel". Allein die wohltönende Sprache! Wobei hier mal klargestellt werden muss, dass Garibaldi ein Rebellenführer war und nicht das italienische Wort für Schnellkochtopf ist.

Und dann natürlich die Frauen! Ein Land, das Monica Bellucci hervorbringen konnte, sollte eigentlich vor Kindersegen überquellen. Doch nichts da mit Gewimmel; das Gegenteil ist der Fall. Es gibt immer weniger Bambini, und sogar die Zahl der Eheschließungen ist nach jüngster Erhebung des Nationalen Statistikinstituts Istat in den vergangenen sechs Jahren um ein weiteres Viertel gesunken. Vorbei die Zeit, in der ein Amerikaner tönte: „Gib mir Stahl, und ich baue einen Flugzeugträger!" Und ein Italiener entgegnen konnte: „Gib mir deine Schwester, und ich mache die Mannschaft dazu!" Kaum noch Kinder und immer weniger „Sì!" vor dem Traualtar. Dabei war Italien früher sogar eine Hochburg der Bigamie, denn die Frauen wussten: Einer von den Kerlen streikt immer.

Man kann nur hoffen, dass sich wenigstens die legendäre Amore-Kultur in die Facebook-Ära hinüberretten kann. Schon Giacomo Casanova, der mehr Frauen beglückte als James Bond in 24 Filmen zusammengenommen, prägte die überzeugende Maxime: „Wer schläft, sündigt nicht. Aber wer vorher sündigt, schläft hinterher viel besser." Beim begeisterten Teutonen-Ruf „Auf, auf, gen Italien!" muss man sogar sorgsam darauf achten, die beiden letzten Worte hübsch getrennt zu halten.

Offiziell lenken immer noch die Männer das Land der Pomeranzen, doch die Frauen lenken die Männer. In Italien herrsche das geheime Mutterrecht, schrieb der Politiker und Autor Luigi Barzini (1908–1984), selber Italiener. „La Mamma" ist die feurige, lebensprallere Italoversion der braven deutschen Mutti. Italien, so heißt es ja, ist das Land, wo die Matronen glüh'n.

Sei kein Frosch, küss mich!

Ein Kuss sei der Ausdruck reiner Fresslust, darauf gerichtet, das Objekt zu verschlingen, hat ein gewisser italienischer Schwerenöter – siehe oben – im 18. Jahrhundert behauptet. Wer das auch heute noch so erotoman sieht, den nennt man dann eben wie jenen Herrn: Casanova.

Der Kuss, jene intensive mündliche Kommunikationsart zwischen Menschen – Ausdruck eines Eindrucks in Form eines Aufdrucks mit Nachdruck –, erscheint in vielerlei Formen. Im Zuge des Heranreifens stellen die meisten Männer irgendwann mit Erleichterung fest, dass etwa der labbrige Wangenkuss von Tante Gerda aus Braunschweig, den man widerstrebend als Junge erdulden musste, kussbezüglich nicht das Maß aller Dinge ist.

Die Deutschen küssen durchschnittlich fünfmal am Tag, wie Meinungsforscher ermittelten. Männer übrigens ebenso wie Frauen; sie sind keineswegs maulfaul.

Natürlich gibt es auch Ehen, in denen der Mann argwöhnisch fragt: „Warum hast du mich geküsst? Ist was mit dem Auto?" Mit amtlichem Trauschein schnäbeln aber nur noch wenige Paare jeden Tag. Auf irgendwelche Umstände muss sich der Begriff „wilde Ehe" ja stützen.

Auch außerhalb etablierter Paargemeinschaften sollen Küsse ja vorkommen. Wenn ein Mann aber fragt: „Ich habe heute gesehen, wie du jemanden geküsst hast – wer war das?", und die Gegenfrage hört: „Um wie viel Uhr war denn das?", dann heißt es aufgepasst. Es gibt elegantere Antworten für brisante Lebenslagen. Wenn der Mann vorzeitig nach Hause kommt, seine Frau küssend in den Armen eines anderen liegen sieht und brüllt: „Was geht hier vor?", könnte sie etwa sagen: „Deine Uhr, Schatz."

Mancher Mann möchte bei größeren Belastungen im Leben am liebsten wieder in den Sandkasten zurück, wo ihm seine Mutter mit einem Kuss einst jeden Kummer nahm. In leitender Stellung könnte sich dieses Verhalten allerdings als nachteilig erweisen.

Axt ja! Zigarre niemals!

Handfeste Auseinandersetzungen, gern mit Waffe, gelten als belebendes Element der amerikanischen Kultur. Das liegt eben daran, dass man als pazifistisches Weichei damals im Wilden Westen keine besonders guten Karten hatte, wenn Rothäute oder Grizzlys anmarschiert kamen.

Deshalb geht es in vielen US-Filmen auch recht zünftig zu. Cowboy-Ikone John Wayne traute nur jemandem, den er eigenhändig verprügelt hatte. Aber auch Cartoon-Charaktere wie Tom und Jerry führen keine Blümchen-Beziehung. Bei dem ewigen Krieg zwischen Katz und Maus hat es seit den Vierzigerjahren kaum jemanden irritiert, wenn sich die langschwänzigen Protagonisten herzhaft mit Äxten oder Schusswaffen traktieren, aus Hochhäusern werfen oder abfackeln.

Doch nun sind Abartigkeiten im Verhalten des Katzentiers Tom publik geworden, die selbst das hartgesottene Amerika nicht mehr hinnehmen kann. Ein aufmerksamer Zuschauer hat Alarm geschlagen, nachdem er in den Folgen „Texas Tom" von 1950 und „Tennis Chumps" von 1949 entsetzt mitansehen musste – wie Tom raucht! Zigarre und Zigarette! In Gegenwart einer minderjährigen Maus!

Das war zu viel. Die britische Aufsichtsbehörde Ofcom zog gleich gegen den verantwortungslosen Sender zu Felde, der dem Medienmogul Ted Turner gehört. Dessen Sprecherin gelobte Abhilfe und beeilte sich zu erklären, man habe schließlich „die Verantwortung, Fernsehen zu einem sicheren Ort für Kinder zu machen". Sämtliche 162 Tom und Jerry-Filme wurden sofort auf Rauchzeichen überprüft, drei Episoden beschnitten. Amerika atmet auf: Tom darf künftig auch weiterhin – wie Sylvester Stallone zum Maschinengewehr – zur Axt greifen, aber nicht mehr zum verwerflichen Glimmstängel.

Einigen anderen Film-Rauchern dürfte nun der Kragen eng werden. Was bliebe noch vom knubbeligen Seemann Popeye übrig, der selten ohne Maiskolben-Pfeife zu sehen ist? Auch Humphrey Bogarts notorisch rauchgeschwärzte Streifen kann man wohl gleich einstampfen. Statt Casablanca Tabula rasa.

Und wer schützt uns Deutsche vor dem verderblichen Einfluss von Wilhelm Busch? Der hat doch tatsächlich gedichtet: „Drei Wochen war der Frosch so krank, jetzt raucht er wieder – Gott sei Dank!" Wo bleibt die Prüfstelle?

Ob das was taucht?

Kleine Geschenke erhalten die Feindschaft. Wie wär's mit einem schicken Pressmüllwagen für die notorisch Abfall trennende Gattin, Farbe in augenschmeichelndem Warn-Orange? Oder ein Leitpfostenwaschgerät „Drutzel" für den peniblen, unentwegt Gartenzaun schrubbenden Onkel Erwin? Praktisch wäre doch auch ein „Zutrittskontrollsystem Hengstler/MBB VT 200" für den lieben Junior, der Mama so ungern in sein Zimmer lässt, weil es darin aussieht wie auf einer Müllhalde in Kabul.

Solche und andere Trouvaillen aus bundeseigenen Beständen der Bundeswehr verhökert das staatliche Auktionshaus Vebeg. Diese Resterampe der Republik entsorgt allerlei Gebrauchtes, das dem Bund entbehrlich erscheint, bis hin zu Autos, Schiffen und Flugzeugen. Auch viel Militärisches ist dabei – was Soldaten der Bundeswehr erstaunt, dachten sie doch, älter als ihre aktuelle Ausrüstung könnte eigentlich nichts sein. „Bewährte Technologie" nennt man das in Fachkreisen.

Als Spitzenangebot waren bei Vebeg.de, auch „Uschis Ebay" genannt, übrigens zwei U-Boote der Klasse 206 zu erwerben – aber nur en bloc. Wer also nautische Sehnsüchte hegte, Kapitän Nemo verehrte, ein klein wenig gespart hatte und nach der einschlägigen Maxime lebte: „Es gibt nur zwei Arten von Schiffen: U-Boote und Ziele", konnte ganz vorn dabei sein.

Der Wunsch des Menschen, in die düsteren Tiefen der Meere vorzudringen, ist ja uralt. Und da dies gewisse Risiken mit sich bringt – nur ein ganz braver Hai isst seinen Haferbrei –, wurde das U-Boot erfunden. Allerdings erwies sich das Funktionsprinzip des deutschen Ur-U-Boots, des Brandtauchers von 1850, Ballastwasser in den Mannschaftsraum zu leiten, beim ersten Tauchversuch als suboptimal. Immerhin konnte das Boot 1887 geborgen werden. Das taucht also nichts, dachten die Konstrukteure der Klasse 206 und wählten daher ein anderes Ballast-Prinzip. Aber Vorsicht: Aufgrund von geschicktem bundesseitigen Entfernen von ein paar elementaren Bauteilen hier und da kann man mit den Vebeg-Nautiquitäten leider auch nur noch gegrenzt tauchen. Getreu der altbewährten Teerjacken-Weisheit: im U-Boot nie bei offenem Fenster schlafen.

App-Tauchen, Männer!

In der guten alten Zeit, als Handys die Größe preisgekrönter Salatgurken hatten, konnte es passieren, dass der Angerufene mit der neuen Technik noch unvertraut und völlig von den Socken war: „Na sag mal – woher wusstest du, dass ich gerade im Baumarkt bin??"

Moderne Smartphones nehmen uns alle möglichen Sorgen ab – vor allem diejenigen, die wir ohne Smartphone gar nicht hätten. Wenn Sie gerade versehentlich per Touchscreen ein extrem intimes Foto aus dem Ibiza-Urlaub an Ihr Finanzamt geschickt haben, wissen Sie, wovon die Rede ist. Eheberater werden überschwemmt mit Anfragen wie: „Meine Frau hat ein iPhone 6S – ich habe ein BlackBerry Priv. Hat unsere Beziehung überhaupt noch einen Sinn?" Reine Sorge um die bedrohte zwischenmenschliche Wärme trieb offenbar auch die australische Firma Factorial Products LTD um, als sie ihre BroApp entwickelte.

Die raffinierte Software lässt den – männlichen – User aus einer ganzen Sammlung von vorgefertigten zärtlichen Sprüchen auswählen, die er nur noch anzuklicken braucht. Etwa: „Wie geht es dir, mein Schatz?", „Ich vermisse dich." Oder: „Ich freue mich auf heute Abend." Die App schickt das Gesäusel über die nächste Zeit per Zufallsgenerator ab. Sollte der Mann auf die völlig antiquierte Idee kommen, auch noch eigenhändig / persönlich eine nette SMS zu schicken oder gar anzurufen, berücksichtigt die App das. Sie weiß auch, welches WiFi-Netzwerk die Frau hat, damit der Schwindel nicht auffällt, wenn ER gerade bei ihr weilt. Und wenn eine misstrauische Dame die BroApp auf seinem Handy öffnen will, bekommt sie eine Liste mit Geschenken vorgegaukelt, die ihr liebevoller Partner ihr angeblich kaufen will.

BroApp heißt das Teil übrigens deshalb, weil sie Männern ermöglicht, mehr Zeit mit Kumpels (Brothers, kurz Bros) zu verbringen, anstatt Süßholz zu raspeln. Smartphones sorgen neuerdings sogar für berühmte letzte Worte. Wie: „Guck mal, Schatz – ich kann mit meinem iPhone die Landeklappen ausfahren."

Meister Proper im Ehebett

Vielversprechende Lösungsansätze, die ehelichen Pflichten in fest eingefahrenen Langzeit-Beziehungen über das Niveau der Duldungsstarre hinaus anzuheben, hat es durchaus immer gegeben. So wird vom US-Bestsellerautor Raymond Chandler berichtet, dass seine reizende Frau Cissy die Hausarbeit im Eva-Kostüm zu erledigen pflegte, wenn er schrieb. Die literaturgeschichtlich bedeutsame Frage, ob dies qualitativ eher der Ehe oder den Manuskripten zugute kam, harrt noch der Klärung.

Eine amerikanische Studie kam zu dem bemerkenswerten Ergebnis, dass die Lust von Frauen auf eheliche Wonnen steil ansteige, wenn der Gatte sich zuerst einmal hingebungsvoll den profaneren häuslichen Pflichten widme. Frei nach Loriots unsterblichem Motto „Es saugt und bläst der Heinzelmann", vermag der Mann demnach mittels Staubsauger und Mülleimer seine Liebste auf das Angenehmste zu erhitzen. Dabei gilt Hausarbeit eigentlich für beide Geschlechter nicht eben als Höhepunkt sinnenfroher Freizeitgestaltung. Die amerikanische Komikerin Joan Rivers stöhnte einmal: „Da bezieht man die Betten und wäscht das Geschirr ab – und nach einem halben Jahr geht alles von vorne los."

Für das wegweisende Buch „Pornografie für Frauen" einer einschlägig tätigen US-Frauenorganisation posierten einmal stramme Kerle in rosafarbenen Schürzen und mit Spülbürsten – offenbar das Wirkungs-Pendant zu Strapsen und Stiefeln.

Pete Paphides, selber sturmerprobter Hausmann und im Zweitberuf Autor der Londoner *Times*, brachte jedoch eher ernüchternde Erfahrungen ein: Wenn er nach einer Feier den Abwasch mache, dabei auch noch drei oder vier Pfannen schrubbe und anschließend erwartungsfroh ins Schlafzimmer eile, liege dort seine Frau im Bett – allerdings fest eingeschlafen.

Tja – die Ehe ist gut für Frauen, sagte schon Ephraim Kishon. Sein Fazit: Deshalb sollten auch nur Frauen heiraten.

Natürlich ergeben sich in langjährigen Beziehungen auch dann mal erotische Durststrecken, wenn einer der Partner beruflich viel unterwegs ist. Der Fürst von Ligne, Österreichs Feldherr im Siebenjährigen Krieg, fand dafür offenbar eine befriedigende Lösung. Als ihn seine Frau nach der Rückkehr fragte, ob er ihr während der langen Abwesenheit auch treu gewesen sei, entgegnete der Fürst: „Aber ja. Oft."

Frauen lieben
E und I

Frauen stehen total auf Vorderzungen-Vokale. Hinter dieser sperrigen Vokabel, an verbalem Charme dem Separatorenfleisch fast ebenbürtig, verbergen sich allerdings keine oral-erotischen Offenbarungen. Sondern ganz reputierliche Buchstaben wie E und I. Wenn diese aber in einem Männernamen auftauchen, sagen wir Felix oder Igor, dann leuchten Frauenaugen. Meinen jedenfalls US-Forscher. Heißt er dagegen Hugo oder Max, dann kann er sein U und A gleich einpacken.

Denn die sind irgendwie nicht so richtig sexy, hat die Sprachforscherin Amy Perfors vom durchaus renommierten Massachusetts Institute of Technology (MIT) in einem Feldversuch ermittelt. Dabei wurden den Frauen Fotos von Männern vorgelegt, denen wechselnde Namen gegeben wurden. Es ergab sich dabei, dass Namen mit Vokalen, die auf dem vorderen Teil der Zunge gesprochen werden, in den Ohren der Weiblichkeit erheblich erotischer klingen als jene, die irgendwo in den Tiefen des Rachenraums entstehen. So ist auch bekanntlich die wüste Gabi viel leichter zu erobern als die Wüste Gobi. Frauen, das wissen wir Männer ja seit Jahrtausenden, sind das Salz der Erde. (Das mag auch der Grund sein, warum wir manchmal so viel trinken müssen.)

Die Wissenschaftlerin vom MIT ging nicht der Frage nach, was die Vorderzunge so attraktiv für Frauen macht, fand aber immerhin heraus, warum sie so heftig auf E und I stehen.

Diese Vokale klingen in ihren sensiblen weiblichen Ohren nämlich weniger „mächtig". Viele Frauen, das bestätigen auch andere Studien, ziehen gern Männer mit femininen Seiten den reinen Machos vor. Und offenbar hört sich Bernd für sie irgendwie eher nach Sensibelchen an, während Hugo rein akustisch als geistiger Grobmotoriker daherkommt.

Da pilgern Frauen zu Tausenden zu Biker-Treffen und himmeln die robusten und oft struppigen Ledertypen an. Und bei Boxkämpfen, wo manche der Aspiranten hinterher aussehen wie ein misslungenes Gen-Experiment, sitzen sie oft in der ersten Reihe. Aber der Name Hugo ist manchen von ihnen zu brutal. Nicht einfach nachzuvollziehen, aber es heißt ja nicht umsonst, einem Mann, der behauptet, Frauen zu verstehen, darf man auch sonst nichts glauben.

Danksagung

Bei der Entstehung dieses Buches habe ich viel Ermutigung und Unterstützung erfahren. An erster Stelle möchte ich mich dafür bei meiner Frau Bettina bedanken – sie ist praktischerweise Journalistin und Buchautorin – und bei meinem wunderbaren Freund, dem Menschenrechtler Rüdiger Nehberg, der nicht müde wurde, mich zu diesem Buch anzuregen. Mein Dank gilt sodann den Kollegen beim *Hamburger Abendblatt*, ganz besonders Klaus Kundel und Dr. Christoph Rind, die mich über Jahre mit thematischen Anregungen versorgt haben. Danken möchte ich auch dem Ellert & Richter Verlag sowie Dr. Werner Irro für das sorgfältige Lektorat.

Thomas Frankenfeld

Autor

Thomas Frankenfeld arbeitet seit 35 Jahren als politischer Journalist. Der Diplompolitologe, Sohn des Entertainers Peter Frankenfeld, war Außenpolitikchef und Chefautor des Hamburger Abendblatts.
Frankenfeld ist mit der Journalistin Bettina Mittelacher verheiratet. Das Paar lebt in Wedel und hat einen Sohn.

Impressum

Bibliografische Information der Deutschen Nationalbibliothek
Die Deutsche Nationalbibliothek verzeichnet diese
Publikation in der Deutschen Nationalbibliografie;
detaillierte bibliografische Daten sind im Internet über
http://dnb.d-nb.de abrufbar.

ISBN 978-3-8319-0683-3
© Ellert & Richter Verlag GmbH, Hamburg 2017
2. Auflage 2017

Dieses Werk einschließlich aller seiner Teile ist urheberrechtlich geschützt. Jede Verwendung außerhalb der engen Grenzen des Urheberrechtsgesetzes ist ohne Zustimmung des Verlages unzulässig und strafbar. Dies gilt insbesondere für Vervielfältigungen, Übersetzungen, Mikroverfilmungen und die Einspeicherung und Verarbeitung in elektronischen Systemen.

Titelgestaltung: BrücknerAping Büro für Gestaltung GbR, Bremen

Lektorat: Werner Irro, Hamburg
Gesamtherstellung: GGP Media GmbH, Pößneck

www.ellert-richter.de

Alle Ähnlichkeiten mit lebenden Personen sind rein zufällig.